Der Historische Wert der Alten Biographieen des Papstes Clemens V

Der historische Wert der alten Biographieen des Papstes Clemens V.

Eine quellenkritische Vorstudie für die Geschichte des ersten Papstes im Exil von Avignon.

Inaugural-Dissertation

welche mit

Genehmigung der hochwürdigen katholisch-theologischen Fakultät der Königl. Universität Breslau

zur

Erlangung der theologischen Doktorwürde

am Sonnabend, den 1. August 1903, vormittags 11$^{1}/_{2}$ Uhr

in der Aula Leopoldina

öffentlich verteidigen wird

Waldemar Otte.

Opponenten:

Hermann Hoffmann, Kaplan in Liegnitz

Franz Nafe, Weltpriester

BRESLAU.

Buchdruckerei der Schlesischen Volkszeitung

1903.

Einleitung.

—◇—

In den Jahren 1874 und 75 erschienen von K. Krueger[1])
und Dietrich Koenig[2]) zwei Abhandlungen, die sich mit drei
dieser clementinischen Viten,[3]) nämlich mit der von Tolomeo
von Lucca und den beiden von Bernard von Guy verfassten,
beschäftigten, ohne jedoch zu einem abschliessenden Urteil
über die quellenkritische Bedeutung dieser Viten zu gelangen.
Diese Thatsache erklärt sich aus zwei Ursachen: Zunächst
beabsichtigten sie wohl beide nicht, wie die Wahl des
Themas beweist, zu einem solchen Resultat zu kommen;
auch Koenig geht auf den Wert der Vita Clemens V. von
Tolomeo als Geschichtsquelle nicht näher ein, und Krueger
begnügt sich mit dem Verdienst, das Abhängigkeitsverhältnis
der genannten Autoren festzustellen; sodann waren damals
beide auch kaum in der Lage, das zu unternehmen; denn
erst in den beiden letzten Jahrzehnten ist überaus wichtiges
und für die hierbei in Betracht kommenden Fragen jener
Zeit entscheidendes Quellenmaterial veröffentlicht worden;
es sei hierbei nur an die seit dem Jahre 1884 von den
Benediktinern veröffentlichten 7 Registerbände Clemens V.,
ferner an die von K. Schottmueller im 2. Teil seines Werkes

---

[1]) K. Krueger. Des Ptolomaeus Lucensis Leben und Werke;
Göttingen 1874.

[2]) Dietrich Koenig. Ptolomaeus von Lucca und die flores chronicorum des Bernardus Guidonis, Würzburg 1875.

[3]) Gesammelt von Steph Balutius in. „Vitae Paparum Avenionensium."

über die Templer[1]) abgedruckten Quellen, sowie die von
Lea[2]) und Prutz[3]) teils verwerteten, teils im Wortlaut publi-
zierten Quellen und endlich an das von Holtzmann[4]) produ-
zierte Aktenmaterial erinnert. Diese Veröffentlichungen haben
die Ergebnisse der bisherigen Forschung zum grossen Teil
wesentlich modifiziert; auch die quellenkritische Bedeutung der
Vitae Clemens V., die uns Stephan Balutius in seiner Sammlung
der Viten avignonensischer Päpste überliefert hat, wird von
diesen Modifikationen getroffen; doch bleiben dieselben
deshalb immer, oder zum Teil gerade deshalb ein wertvoller
Quellenschatz für die Geschichte der vom Pontifikat Clemens V.
umspannten Zeit. Daher schien meinem hochverehrten Lehrer,
Herrn Professor Dr. Sdralek, eine quellenkritische Untersuchung der drei oben genannten, sowie der drei übrigen
clementinischen Viten, die unter diesem Gesichtspunkte überhaupt noch nicht eingehender behandelt wurden, ebenso
angezeigt wie dankbar. Dieser gütigen Anregung verdankt
der nachfolgende Versuch seine Entstehung. Soweit bei
dieser Untersuchung die von D. Koenig und K. Krueger
gewonnenen Ergebnisse von den neueren Publikationen
bestätigt wurden oder ohne diese bereits feststanden, wurden
sie im Verlauf der Arbeit in gedrängter Zusammenfassung
aufgeführt bezw. ergänzt. Es betrifft dies besonders einzelne
Partieen des 2. und 3. §§. Auch die gelegentlich von
Havemann[5]), Schottmueller, Prutz, Gmelin u. a.[6]) in deren

---

[1]) K Schottmueller. Der Untergang des Templerordens; 2 Bde.,
Berlin 1887.

[2]) Lea History of the inquisition of the Midle ages; London 1888,
III. Band p. 238—334.

[3]) Prutz· Entwickelung und Untergang des Templerordens, Berlin
1888. (Anhang).

[4]) Holtzmann: Wilhelm von Nogaret, Freiburg i. B. 1898. S. 249—77.

[5]) Havemann: Geschichte des Ausgangs des Templerherrenordens.
Stuttgart u. Tubingen; 1846. S. 189.

[6]) An geeigneter Stelle wird im Verlauf der Arbeit darauf aufmerksam gemacht.

oben citierten Werken über diesen Gegenstand eingestreuten Bemerkungen finden angemessene Berücksichtigung. Auf die in der einschlägigen Litteratur bestehenden Controversen wird, wenn sie mit dem hier zu behandelnden Gegenstand in näherem Zusammenhange stehen, Bezug genommen und das für die Entscheidung der betreffenden Fragen wichtige und aus der quellenkritischen Betrachtung der Viten geschöpfte Material in zweckentsprechender Weise hervorgehoben werden. Als Beispiel dafür sei nur auf die im 4. § näher besprochene Auseinandersetzung zwischen Schottmueller und Prutz in der Frage der „Verräter des Ordens" hingewiesen.

Für den Gang der Untersuchung wird aber nicht die von Balutius gegebene Reihenfolge der Viten, sondern die durch das Abhängigkeitsverhältnis der Viten bestimmte Ordnung eingehalten werden. Nach Massgabe dieses Grundsatzes müssen zuerst die zweite balutianische Vita, deren Verfasser Tolomeo von Lucca ist, und dann die, von diesem mehr oder minder sklavisch abhängigen des Bernardus Guidonis (in ihrer kürzeren und längeren Fassung), sowie die des Amalricus Augerii und endlich die des zeitgenössischen Anonymus in den Kreis der Untersuchung gezogen werden, und erst nach Besprechung derselben wird die einzige von Tolomeo und anderen bekannten Quellen unabhängige erste balutianische Vita, deren Verfasser Johann von St. Victor ist, auf ihren quellenkritischen Wert zu prüfen sein.

§ 1. Der Text der Viten.

Steph. Balutius hat uns den Text der Viten in seinem Werke: „Vitae Paparum Avenionensium" tom. I. nach der von Franciscus Bosquetus, dem nachmaligen Bischof von Lodève und Montpelliers, herausgegebenen Sammlung von Lebensbeschreibungen überliefert, wobei er sie jedoch, da sie vielfach entstellt und verderbt waren, mit Hilfe einiger alter Handschriften aus der Königl. Bibliothek zu Paris nach

Möglichkeit verbesserte. Einige Viten, wie z. B. die von
Bernard de Guy verfassten hat er noch mit alten Codices
der bibl. Colbert. verglichen. Ausser den von Bosquet überlieferten nahm er in seine Sammlung noch eine Anzahl
Viten auf, die er in Codices der Mss. der bibl. regia, bibl.
Colbert. und Sorbonica fand. Auch ward ihm durch die
Vermittelung des Cardinals Hieronymus Casanate Gelegenheit gegeben, einige vatikanische Codices zur Vergleichung
heranzuziehen. Soweit Balutius in der Praefatio zu seinem
Werke. Der so gewonnene Text darf als ziemlich zuverlässig betrachtet werden. Das ergab sich auch bei einer
vergleichenden Gegenüberstellung der balut. Viten mit den
Viten, die durch Muratori: Rerum Italicarum scriptores tom. III.,
pars 2 uns mitgeteilt werden. Es sind dies die von Johann
von St. Victor, die des Bernardus Guidonis in ihrer längeren
Fassung, die des Amalricus Augerii und die des anonymen
Venetianers. Die Variationen der beiden Drucke beschränken
sich auf die Interpunktion und Schreibweise. Einzelne Druck-
fehler kommen wohl vor, sind aber zum Teil nicht sinn-
störend, zum Teil so sinnlos, dass sich die richtige Lesart
von selbst ergiebt; so muss es an einer Stelle statt „ad
nuptum" natürlich „ad nutum" heissen; an einer anderen
Stelle verlangt der Zusammenhang statt „defecisse" „de-
cessisse". Demnach scheint der Text aller Viten ausreichend
gesichert, wenn auch bei der von Tolomeo von Lucca abgefassten Lebensbeschreibung eine Vergleichung der Drucke
nicht möglich war. Über diese Vita möge, da bereits
K. Krueger[1]) eine erschöpfende kritische Untersuchung des
Textes vorgenommen hat, noch folgendes näher ausgeführt
werden: Wie bereits von D. Koenig[2]) bemerkt wird, rührt
nur die Fortsetzung der Kirchengeschichte im patavinischen

[1]) Krueger, „Des Ptolomaeus Lucensis Leben und Werke."

[2]) Koenig, „Ptolomaeus von Lucca und die flores chronicorum des
Bernardus Guidonis."

Codex, welcher die Viten Bonifaz VIII., Benedict XI. und
Clemens V. enthält, von Tolomeo von Lucca her; die Fortsetzung der Hist. eccl. in der ambrosianischen Handschrift
ist dagegen Bernardus Guidonis zuzuschreiben; die Handschrift des patavinischen Codex beginnt mit der Regierung
Bonifaz VIII. und endigt mit dem Jahre 1313, erzählt jedoch
noch den Tod Clemens V. Die Vita Clemens V., welche
Baluze in seine Sammlung aufgenommen hat, stimmt mit
geringen Abweichungen mit der Fassung der Vita in der
patavinischen Handschrift überein. Krueger giebt in der
oben citierten Broschüre S. 78 einige solche Abweichungen
an, aus welchen er den Schluss zieht, dass Baluze seine
Vita Clemens V. einem anderen, vom patavinischen unab-
hängigen Codex entnommen hat. Doch lässt sich, da Baluze
darüber nichts bemerkt, nicht bestimmen, wo dieser Codex
zu suchen ist. Jedenfalls zeigt jene Vergleichung der balutianischen Vita mit der patavinischen Handschrift, dass auch
der Text der ptolomäischen Vita, wie er uns bei Baluze
vorliegt, im Wesentlichen als gesichert zu betrachten ist.

§ 2. Die 2. balutianische Vita.
(Tolomeo von Lucca.)

Wir suchen zunächst die Entstehungszeit der
2. balutianische Vita zu ermitteln. Die Ptolomaeus von
Lucca zugeschriebene Vita enthält auf Col. 33 unten eine
Notiz über die Dauer der Herrschaft Roberts von Apulien,
der nach diesem Bericht dieselbe wieder aufgeben musste
ex multis infortuniis, quae acciderunt, de quibus infra
dicetur. Aus dieser Bemerkung erhellt, dass zur Zeit der
Abfassung der Vita jene „infortuniae" schon eingetreten waren,
so dass als terminus a quo das Jahr 1314 anzusetzen ist;
bis 1314 aber muss der terminus a quo hinausgerückt
werden; denn, wenn die Vita auch auf Col. 35 d. i. vom
Jahre 1309 „infortuniae" des Königs erwähnt, so waren deren
pamals noch nicht „multae"; auch gab dieser infolge jener

Schicksalschläge sein Reich noch nicht auf; dazu wurde er, wie die Vita Col. 53 und 54 erzählt, erst im Jahre 1313 bezw. 1314 gezwungen. Ferner berichtet der Verfasser auf Col. 40 vom Jahre 1311 die Unterwerfung der Venetianer unter die Entscheidung des päpstlichen Stuhles, fügt aber dem Schluss dieser Notiz die Bemerkung bei, dass sich die definitive Regelung dieser Angelegenheit bis zum Jahre 1313 verzögert habe. Eine solche Einschaltung konnte der Verfasser doch erst nach dem Jahre 1313 machen; damit stimmt auch eine Nachricht auf Col. 27 überein: „unde confiscata sunt omnia bona eorum (sc. templariorum) quae nunc tenet ordo Hospitaliorum . . .“ Da die Johanniter von den Templergütern, soweit sie überhaupt in deren Hände übergingen, erst nach dem Tode Philipps IV. also frühestens 1314, teilweise sogar erst 1317 Besitz ergreifen konnten, wird man dieses Jahr ‹ als den terminus a quo, bezw. post quem der Abfassung der Vita annehmen müssen; die Annahme der Interpolation der Beweisstellen ist wegen ihrer Häufigkeit abzuweisen.

Der terminus ad quem oder ante quem lässt sich nicht mit demselben Grade der Gewissheit, aber doch mit einem hohen Grade von Wahrscheinlichkeit bestimmen. Dass nämlich die Vita unmittelbar nach dem Jahre 1314 bezw. 15 entstanden sein muss, dafür spricht die lebendige und anschauliche Darstellung der einzelnen, von ihr erwähnten Ereignisse, die in dem Verfasser einen Augen- und Ohrenzeugen erkennen lässt; zum mindesten muss der Verfasser der Vita in einer jenen Ereignissen noch sehr nahe stehenden Zeit seine Aufzeichnungen gemacht haben, da ihm die betr. Ereignisse noch in frischer Erinnerung haften. Zum Beweise dafür sei nur auf den ausführlichen Bericht über die Krönung Clemens V. hingewiesen, der ihm jedenfalls von Augenzeugen vermittelt worden ist; dasselbe gilt von der Zusammenkunft Clemens V. mit Philipp IV. 1308 zu Poitiers Col. 29, deren häufig recht unwesentliche Einzelheiten sicher der Vergessen-

heit anheimgefallen wären, falls sie zur Zeit der Abfassung
der Vita schon um mehrere Jahrzehnte zurückgelegen hätten;
auch der Umstand, dass der Verfasser der in Rede stehenden
Vita auch die recht unwichtigen Lokalnachrichten aus Lucca
und Avignon nicht unerwähnt lässt, sondern ihnen sogar
einen unverhältnismässig breiten Raum gestattet, lässt sich
als Argument für jene Annahme anführen; denn wäre seit
diesen Ereignissen schon ein längerer Zeitraum verstrichen,
dann wären sie aus der Perspektive einer mehrere Jahrzehnte
umfassenden Betrachtung auch für den mittelalterlichen
Geschichtsschreiber zu ihrer wahren, untergeordneten Bedeutung zusammengeschrumpft; daher der Schluss: die
2. balutianische Vita ist nach 1314, aber unmittelbar nach
1314 geschrieben. Da einerseits fast durchweg streng die
chronologisch-annalistische Form gewahrt ist, und da zu-
sammengehörige Ereignisse oft nur durch eine einzige
Nachricht von einander getrennt sind — selbst die Entwickelung der Templerangelegenheit, sowie der Verhältnisse
in Italien, das Schicksal des Häretikers Dulcinus, des Peter
de Gavastone u. a. m. sind nicht zusammenhängend dargestellt — da aber andererseits nachgewiesen, dass die Vita
im Ganzen nach 1314 abgefasst ist, so folgt daraus, dass
der Verfasser nicht unmittelbar nach den Ereignissen sich
Notizen machte, und diese nach dem beendigten Pontifikat
in annalistischer Ordnung lose an einander reihte. Auf die
Vermutung, dass sich der Verfasser gleichzeitig mit den
Ereignissen Aufzeichnungen anfertigte, werden wir auch
durch die Darstellung hingewiesen; denn die meisten
Ereignisse werden im Präsens erzählt. Doch fordert das
Gesamtbild der Vita notwendig die Annahme einer Ueber-
arbeitung derselben und zwar während des bezeichneten
Termins.

Es erhebt sich die zweite Frage: Wo wurde diese
Vita verfasst? Für die Beantwortung dieser Frage liefert
uns lediglich die Vita selbst Material, das teilweise

bereits von D. Koenig und Krueger gesammelt ist, und zwar eignen sich für unsere Untersuchung nur jene Ereignisse und Begebenheiten, welche die anderen zeitgenössischen Autoren nicht erwähnen, weil diese allein auf die Eigenart und die persönlichen Verhältnisse des Verfassers einen Schluss gestatten. Von diesem Gesichtspunkt aus betrachtet fällt an der Vita die bis Col. 32 d. i. bis zum Jahre 1309 bemerkbare Häufung der Lokalnachrichten aus Lucca auf, derart, dass man schlechthin Lucca als den Abfassungsort der Vita bezeichnen wollte. Doch mit Unrecht; denn mit diesem Jahre versiegen die Nachrichten, die bis dahin so reichlich flossen, fast vollständig. Um für die erste Behauptung einige Beweise anzuführen, so erzählt sie Col. 25, dass Landleute im Bistum Lucca am Feste des hl. Joh. Bapt. Feldarbeiten verrichtet hätten; zur Strafe dafür habe der Blitz die Getreideschwaden getroffen, doch wären nur die Ähren verbrannt worden. Gegen Ende Juli desselben Jahres habe in Lucca ein sehr heftiges Erdbeben stattgefunden; die Erschütterung sei fast allenthalben auf einer Fläche von 40 Meilen bemerkt worden. Col. 27 berichtet sie, dass der Blitz in der Umgegend von Lucca eingeschlagen und einen Fussgänger und einen Reiter getötet habe; ein anderer Reiter sei vom Reittiere gestiegen, und der Blitz habe darauf den Kopf des Tieres getroffen. Auch habe der Blitz in ein Haus in Lucca eingeschlagen, doch weil sich daselbst das Allerheiligste befunden, hätte wenigstens keine Person Schaden genommen. Dann stocken diese lokalen Nachrichten und erst Col. 38 registriert der Verfasser der Vita einen Besuch Roberts von Apulien in Lucca, wo er eine Zeit lang verweilt und acht Lucchesen zu Rittern geschlagen habe. Bei dem Festmahl, das aus diesem Anlass hergerichtet wurde, verweilt der Verfasser mit einem gewissen Stolz, wie man ihn an feurigen Lokalpatrioten beobachtet: „Et illa die magnum convivium fecit invitatis dictis militibus et duabus millibus personarum; ac ducentae

Dominae comederunt cum Regina et ambo cum corona in capite." Aus den Thatsachen, welche der Autor sonst noch Col. 35 und 36 erzählt und aus der Art und Weise, wie er sie erzählt, gewinnt der Leser die Überzeugung, dass der Autor seinen engeren Landsleuten ein litterarisches Denkmal setzen wollte. Wenn man gleichwohl nicht einfach Lucca als den Abfassungsort der Vita annimmt, so liegt das daran, wie bereits oben angedeutet wurde, dass mit dem Jahre 1309 die Lokalberichte aus Lucca aufhören, während von da an auffallend viel Lokalnachrichten aus der jedesmaligen Residenz des Papstes (Avignon, Carpentras u. a.) einfliessen. So weiss der Verfasser von dem Jahre 1309 von einem heftigen Nordwinde in der Gegend von Avignon zu berichten; diesem seien grosse Schneefälle gefolgt. (Col. 32.) Am 31. Januar 1310 habe man dort eine Sonnenfinsternis beobachten können, die über eine Stunde gedauert habe; dieselbe wird sehr ausführlich beschrieben: Anno Domini 1310 ultima die Januarii in octava hora diei apud Avinionem fit eclipsis solis et eclipsatus est ultra medietatem, sicque notabiliter quod si aliqua scintillatio, sicut apparet de nocte in casu unius stellae secundum vulgi opinionem, notabilis nunc fuisset in nostro hemisphaerio visa fuisset; duravitque ultra nonam horam. Eodem anno 14. die Februarii circa occasum solis, fuit eclipsis lunae. Auch seien März 1314 in Carpentras, wo sich damals die Kurie aufhielt, mehrere Nebensonnen bemerkt worden. Auffallend ist auch die von dem Jahre 1309 ab in dieser Vita zu beobachtende Bestimmtheit der Zeitangabe, wenn Ereignisse vom päpstlichen Hofe erzählt werden. Während bis zum Jahre 1309 derartige Berichte mit der allgemeinen Formel „eodem anno" eingeleitet werden, — selbst von wichtigeren Ereignissen weiss er nur noch hinzuzufügen, dass sie in die Nähe eines kirchlichen Hauptfestes fielen (Col. 24, 26, 27, 28, 30, 31) —, sind sie vom Jahre 1309 ab mit dem genauen Tagesdatum versehen; das trifft auch für jene Begebenheiten zu, die der

Verfasser der Vita nicht aus dem Text eines amtlichen
Schriftstückes, sondern nur von Augen- und Ohrenzeugen
erfahren oder aus eigner Beobachtung wissen konnte (Col.
32, 34—40, 49, 50, 53 und 54). Deuten schon diese Proben
darauf hin, dass der Verfasser der fraglichen Vita von 1309
an am päpstlichen Hofe lebte, so erhebt sich diese Annahme fast zur Gewissheit, wenn man die Darstellung der
Politik Clemens V. ins Auge fasst. Ganz besonders sind
die Anstrengungen Philipps IV., den Papst für die Vernichtung der Templer zu gewinnen, sowie sein hartnäckiges
Widerstreben und schliesslich seine Ueberrumpelung, seine
Stellungnahme zum Templerprozess und der Verlauf des
Diffamierungsprozesses Bonifaz VIII. mit hoher Sachkenntnis
geschildert. Col. 27 z. B. berichtet der Verfasser über den
Eindruck, den „quaedam petitiones" des französischen Königs
am päpstlichen Hofe gemacht hätten; diese „petitiones" hätten
„non modicam discordiam" erregt, weil sie, wie der Verfasser
hinzufügt, „regalem statum transcendebant." Wahrscheinlich
betrafen die Gesuche, welche die „Königliche Machtbefugnis
überschritten", die Diffamierung Bonifaz VIII. Die Angelegenheit wurde einer Kommission von sechs Kardinälen über-
wiesen „et nihil usque modo est obtentum." Es ist ausgeschlossen, dass ein in Lucca schreibender Autor von diesen
intimen und delikaten Einzelheiten sich hätte unterrichten
können; er muss zur Zeit der Abfassung am päpstlichen
Hofe gelebt haben, wo ihm unmittelbare Quellen zu Gebote
standen. Wenn man dagegen geltend macht, dass ein im
Avignon lebender Autor nicht über die Römerzüge Heinrich VII.
hätte berichten können, so ist darauf zu erwidern, dass jener,
weil die Politik der Kurie durch die Entwickelung der
politischen Verhältnisse in Italien, spez. durch den Römerzug
Heinrichs VII. ausserordentlich beeinflusst wurde, gerade durch
seinen Aufenthalt im Avignon bezw. am päpstlichen Hofe
und sein Interesse für die Kurie zur Erwähnung jener
italienischen Ereignisse sich getrieben fühlte. Wie von

Avignon die Brücke zu den politischen Ereignissen des damaligen Italiens geschlagen wurde, erörtert D. Koenig ausführlicher in der oben citierten Schrift in kaum widerlegbarer Gedankenfolge. Und so drängt sich von selbst der Schluss auf: die Skizzen zu dieser Vita sind zwar in Lucca begonnen, wenigstens vom Jahre 1309, aber jedenfalls in Avignon fortgesetzt und dort auch zur Biographie Clemens V. gesammelt und geordnet worden.

Von grösster Wichtigkeit aber ist die Feststellung des Autors und seiner äusseren Lebensstellung und Lebensverhältnisse. Man könnte die erstere Arbeit im vorliegenden Falle für überflüssig halten, da jede der sechs Viten mit Ausnahme der des zeitgenössischen Venetianers am Kopfe den Namen eines Autors trägt, dem sie bisher auch meist zugeschrieben wurden. Da aber Lucchesini und Quétif Tolomeo von Lucca die Autorschaft der zweiten balutianischen Vita absprechen und ihre Bedenken gegen die Echtheit der betreffenden Vita teilweise recht unzulänglich widerlegt wurden, während man bei der vierten balutianischen Vita teilweise die Echtheit des letzten Teiles beanstandete, so soll im Folgenden versucht werden, die hier obwaltenden Zweifel vollständig zu zerstreuen. Schon Krueger hat in seiner mehrfach citierten Abhandlung über diesen Gegenstand die hier sich erhebenden Schwierigkeiten zusammengestellt. So wollte Quétif aufgrund des Codex Colbertinus die Authenticität der zweiten Vita nicht zugeben, weil er auf der letzten Seite einer Handschrift bemerkt fand, das Tolomeo die Geschichte Bonifaz VIII. wegen des unglücklichen Ausganges seines Pontifikates nicht habe vollenden wollen. Muratori[1] glaubte aus der Verschiedenheit der clementinischen Vita des Tolomeo in der ambrosianischen und paduanischen Handschrift den Schluss ziehen zu müssen, dass beide nicht von Tolomeo verfasst

---

[1] Muratori, SS. Rerum Ital. tom. XI.

worden seien, sondern, dass dieser seine Kirchengeschichte
mit Bonifaz VIII. oder Benedict XI. beendet habe. Nach
einer adnotatio zum 24. Buch der Kirchengeschichte des
Tolomeo bekehrte er sich endgiltig zur Echtheit der
strittigen Viten und schrieb sie jenem unbedenklich zu mit
der Bemerkung, der Verfasser der clementinischen Vita sei
sicher Zeitgenosse und Lucchese. Dagegen folgert Lucchesini[1])
aus den Widersprüchen, dass Tolomeo in Lucca schreibe,
während er sich urkundlich nachweisbar seit 1309 in Avignon
bezw. am päpstlichen Hofe aufgehalten habe, dass Tolomeo
nicht der Verfasser der 3 Viten der paduanischen Handschrift
sein könne. Die Bemerkung am Ende der clementinischen
Vita Col. 1242: „Et huc usque scripsit historiam suam
„Dominus Frater Thomas Tholomaeus de Lucca Ordinis
„Praedicatorum et non ulterius" stamme von einem Abschreiber aus dem letzten Viertel des 15. Jahrhunderts, der
nicht einmal den Namen des Tolomeo richtig geschrieben.
Krueger führt in der oben citierten Schrift diese Combination
noch weiter aus: „Tolomeo, könnte man argumentieren, schloss
„seine Kirchengeschichte mit dem Jahre 1294 ab; denn die
„älteste und beste Handschrift aus der Zeit des Autors selbst,
„der Codex Navarraeus, den Quétif noch sah, endigt mit
„den Worten: Quia rex Franciae praevalet bello campali ut
„in Vasgonia, sed rex Angliae in mari victoriosior efficitur.
„Explicit. Eine ebenfalls alte Handschrift[2]) endigt hier, und
„in einem anderen Colbertinus 527 gleichfalls aus dem
„15. Jahrhundert ist erst ein Blatt rein gelassen, dann folgen
„Papstviten bis zum Jahre 1401.[3]) Ferner ist die Form in
„der Kirchengeschichte und in deren Fortsetzung, den Papst-
„viten, verschieden." Wenn man alle diese Einwände zu-
sammenfasst, dann sind es in der Hauptsache vier:

---

[1]) 9. Bd. der Memoire e Documenti del Ducato di Lucca.

[2]) Codex Colbertinus 2818.

[3]) SS. Ordinis Praedic. p. 542.

1. Der erste Einwand wird durch den oben erwähnten Schreibfehler Thomas Tholomaeus im Namen des Autors begründet;

2. Die Vita ist in Lucca verfasst, während sich Tolomeo nach Ausweis der Urkunden seit 1309 in Avignon befand.

3. Das dritte Bedenken ging hervor aus der Verschiedenheit der Form, in der die Kirchengeschichte abgefasst ist und der Form, welche wir in der Fortsetzung derselben, in den in Rede stehenden Papstviten, finden.

4. Das letzte Bedenken aber wurde wegen der Verschiedenheit der Stellungnahme erhoben, welche Tolomeo, der Verfasser der hist. eccl. und der Verfasser der Papstviten zu ein und demselben Institut, zur römischen Kurie, einnahmen.

Die Ansicht, dass es sich in der oben angeführten adnotatio „huc usque scripsit historiam suam Dominus Frater Thomas Tholomaeus de Lucca, Ordinis Praedicatorum et non ulterius" um den Schreibfehler eines Abschreibers, begangen im letzten Viertel des 15. Jahrhunderts, handelt, vertritt auch Krueger; dieser ist überzeugt, dass der Irrtum durch die Erinnerung an Tolomeo von Lucca als den Fortsetzer des von Thomas von Aquino begonnenen Werkes: „de regimine principum" veranlasst wurde. Könnte nachgewiesen werden, dass jene adnotatio von dem Verfasser selbst herrühre, dann wäre ihr allerdings eine grössere Bedeutung beizumessen, weil jener seinen eigenen Namen schwerlich verschreiben würde, und Thomas Tholomaeus wäre der Name des Verfassers. Die Annahme, dass der Verfasser selbst jene Notiz geschrieben, ist aber abzuweisen; denn dieser würde kein „Dominus" zu seinem Namen gesetzt haben. Auch weist die obige Bemerkung: „hucusque scripsit Dominus Thomas Tholomaeus ... et non ulterius" bereits darauf hin, dass hier von einem Schriftsteller gesprochen wird, der mit dieser Vita eine Kette von Viten oder Schriften überhaupt abgeschlossen hat, sonst wäre die

Wendung: „hucusque . . . non ulterius" unterblieben. Von einem Autor Thomas Tholomaeus, der eine Reihe von Schriften verfasst hätte, wäre uns sicher auch mehr überliefert worden, als jene Notiz. In der Regel pflegen auch die mittelalterlichen Autoren sich den Grabstein auf ihre schriftstellerische Thätigkeit — denn so kann man eine derartige Notiz bezeichnen — nicht selbst zu setzen. Also ist es ausgeschlossen, dass sie von dem Verfasser selbst herrührt; stammt sie aber von einem Abschreiber, dann verflüchtigt sich ihre Beweiskraft für den vorliegenden Fall fast vollständig, da einem solchen ein Irrtum leicht unterlaufen kann.

Die zweite Schwierigkeit, die auf dem Schluss basiert, die Vita wurde in Lucca geschrieben, Tolomeo aber lebte von 1309 ab in Avignon, also kann er sie nicht geschrieben haben, löst sich sehr rasch und einfach, wenn man die Unrichtigkeit der ersten Prämisse darthut. Diese erledigt sich von selbst durch die oben gewonnene Bestimmung des Abfassungsortes. Die Untersuchung darüber führte aufgrund reichlichen, beweiskräftigen Materials zu dem Ergebnis: Die Skizzen zu dieser Vita sind zwar in Lucca begonnen, wenigstens vom Jahre 1309, aber notwendig in Avignon fortgesetzt und dort auch zur Biographie gesammelt und geordnet worden. An diesem Ergebnis — darauf sei an dieser Stelle besonders hingewiesen — wird auch dadurch nichts geändert, dass auch nach dem Jahre 1309, so auf Col. 38, Lokalereignisse aus Lucca gemeldet werden; auch nach seiner Übersiedelung nach Avignon hatte sich der Verfasser ein warmes Interesse an seiner Heimat bewahrt, und es ist begreiflich und verständlich, dass er auch in Avignon über das Wichtigste und Wissenswerte aus Lucca von seinen Freunden und Verwandten auf dem Laufenden erhalten wurde. Andererseits bliebe es unverständlich und unbegreiflich, warum ein in Lucca schreibender Lucchese Lokalnachrichten aus Avignon und der Umgegend von

Avignon in eine Biographie aufnimmt, und wie er sich in Lucca eine so genaue Kenntnis der päpstlichen Politik und ihrer intimen Einzelheiten verschaffen konnte. Aus alledem können wir nicht nur folgern: Tolomeo kann die 2. Vita verfasst haben, sondern: er muss sie verfasst haben; denn er hielt sich wenigstens seit dem Jahre 1309 am päpstlichen Hofe auf, er stand zu hohen Würdenträgern desselben in enger Beziehung, er erhielt von diesen seine Informationen und er blieb Lucchese genug, auch, nachdem er seine Heimat verlassen, ihrer noch freundlich in seiner Lebensbeschreibung Clemens V. zu gedenken.

Der dritte Einwand ist der Verschiedenheit der Form entlehnt, die wir in Tolomeo Hist. eccl. und in den fraglichen Papstviten beobachten. In der Widmung der Kirchengeschichte an den Cardinal-Presbyter Wilhelm von Bayonne bemerkt Tolomeo, dass er um die Übersicht zu erleichtern, seine Kirchengeschichte in 24 Bücher und diese in Capitel eingeteilt, die Zahl der Päpste aber aus derselben Rücksicht mit fortlaufenden Nummern bezeichnet habe. Diese Kapiteleinteilung fehlt den Papstviten im Cod. Patav.; diesen Einwand weist Krueger mit dem Hinweis darauf zurück, dass ein Wechsel in der Form in der mittelalterlichen Historiographie bei ein und demselben Manne nicht selten vorkomme. Der Einwand scheint aber noch aus anderen und triftigeren Gründen hinfällig. Wenn nämlich Tolomeo nach seiner Widmung der Kirchengeschichte sich auch für diese an eine gewisse Einteilung bindet, so hat er sich dadurch doch nicht auf dieselbe Form auch für die einzelnen Papstviten festgelegt. Das ist umsomehr anzunehmen, als Tolomeo diese nach der Hist. eccl. abgefassten Viten nicht als ein abgeschlossenes Ganzes betrachtet haben kann. Seine litterarische Thätigkeit fand ein von ihm jedenfalls nicht vorausgesehenes Ende, und er mag wohl beabsichtigt haben, nach Abschluss eines grösseren Abschnittes diesem Teil seiner Geschichte

2

dieselbe Einteilung zu geben, wie er sie bereits in seiner
„Kirchengeschichte" eingeführt hatte.

Es bleibt nur noch der letzte aus sog. inneren Gründen
hergeleitete Einwand zu widerlegen. Krueger führt denselben
mit den Worten aus: „Bei der Beurteilung des Streites
„zwischen Bonifaz VIII. und Philipp IV. in der Vita des
„ersteren tritt eine Auffassung zu Tage, welche Tolomeo,
„dem Verfasser der Kirchengeschichte, dem offiziösen Hof-
„historiographen der Kurie, der wie Martin von Troppau
„die Differenzen zwischen der Tradition und der historischen
„Wahrheit beizulegen hatte, völlig fremd sein muss. Beide
„Parteien, führt nämlich unser Autor aus, haben geirrt; der
„Papst habe, als er Philipp die anmassende Bulle: Ad per-
„petuam rei memoriam geschickt, in seinen Behauptungen
„einfach nicht die Wahrheit gesagt. Sollte Tolomeo eine
„solche Sprache führen können?" Dieses Argument wendet
sich in erster Linie gegen die Echtheit der Vita Bonifaz VIII.,
die ebenfalls Tolomeo von Lucca zugeschrieben wird. Da aber
die Bemerkung: „Bis hierher schrieb Thomas Tholomaeus..."
sich am Schlusse der 3 Viten: Bonifaz VIII., Benedict XI.
und Clemens V. findet, und die Zusammengehörigkeit derselben auch sonst erwiesen ist, so bezweifeln die Einwürfe,
welche die Echtheit der bonifatianischen Vita angreifen, auch
die Echtheit der clementinischen, und die Stützpunkte, die
uns die letztere für ihre Echtheit liefert, gelten auch für die
Echtheit der Vita Bonifaz VIII. Krueger nun thut den oben
citierten Einwand mit der Bemerkung ab, dass Tolomeo
auch in der Kirchengeschichte[1]) an der Stelle, wo er von
der Abdankung Coelestins V. spreche, eine gewisse Abneigung
gegen das schroffe Verfahren Bonifaz VIII. durchblicken lasse.
Wir können dieses schwache und doch wohl ungenügende
Argument noch durch folgende Erwägungen unterstützen:
Die Hist. eccl. wurde mehr als die Papstviten unter dem

1) Mur XI. 1199.

— 18 —

unmittelbaren Eindruck der Gewaltthätigkeiten Philipps IV.
geschrieben, wo die Teilnahme für den gemisshandelten und
vergewaltigten Papst und das Gefühl für das Unrecht, das
dieser Mann erlitt, das Gefühl für das Unrecht überwog, das
er gethan; als später Tolomeo seine Viten schrieb, hatte
längst eine ruhigere Betrachtung der Verhältnisse bei ihm
Platz gegriffen; dabei ist zu bedenken, dass durch die Anstrengungen des französischen Königs, Bonifaz VIII. zu
diffamieren, doch auch manches, Bonifaz belastende, Material
zu Tage gefördert wurde.[1]) Andrerseits ist aber eine auf-
fallende Parteinahme gegen Bonifaz VIII. in den einzelnen
Papstviten um so weniger zuzugeben, als der Verfasser in
der Vita Clemens V. sogar die objektive Darstellung des
französischen Diffamierungsprozesses öfters mit Bemerkungen,
welche seine Sympathie für Bonifaz bekunden, unterbricht.
Dass sich derselbe Verfasser bei allem Freimut doch einen
hohen Grad der Verehrung für Bonifaz VIII. bewahrt hat,
die an den Verfasser der Hist. eccl., Tolomeo von Lucca,
erinnert, beweisen die Stellen, in denen er in der Vita
Clemens V. von Bonifaz VIII spricht:

Auf den Wunsch Philipps IV., gegen diesen Papst das
kanonische Verfahren einzuleiten, antwortet der Papst: „Quod
licet non crederet Dominum Bonifatium errasse, quia facta
eius in ecclesia solemne perhibent testimonium in contrarium,
iustitiam tamen negare non poterat." Auf das Verlangen,
Wilhelm von Nogaret zu absolvieren, hat der Papst nach der
clementinischen Vita „cum detestatione" geantwortet: „ipsum
non esse exaudiendum" (Col. 30); würde der Verfasser jener
Vita die in Anbetracht der schwierigen Verhältnisse für
Bonifatius immerhin noch ehrenvolle Antwort so ausführlich
überliefert, würde er von Wilhelm von Nogaret in so scharfen
Ausdrücken gesprochen haben, wenn ihn nicht dieselben
Gefühle der Verehrung für Bonifaz VIII. beseelten, wie

---

[1]) Vgl. H. Finke aus den Tagen Bonifaz VIII. Münster i. W. 1902.
S. 254—268, 290—296.

2*

Tolomeo, den Verfasser der Hist. eccl.? Als Clemens V. endlich die Anklage gegen Bonifaz zulässt, spricht der Verfasser der qu. Vita darüber in den Wendungen: „ut liceat prosequi contra bonae memoriae Dominum Bonifatium vel etiam defendere vel excusare, quem primo dictus Papa excellentissime commendavit." Weiter unten fuhrt er an, dass Clemens in einem Reskript „Dominum Bonifatium multum commendavit." (Col. 35.) Und als Wilhelm von Plasian und Wilhelm von Nogaret später thatsächlich die Anklage erheben, bemerkt der Verfasser mit deutlicher innerer Genugthuung: „sed responsum est eis iuxta merita" und fügt, obwohl er sonst fast überall seine Reflexionen unterdrückt, am Schluss seiner Darstellung des Prozesses gegen Bonifaz die beissende, ingrimmige Bemerkung hinzu: „Item quod dicti Guilelmi non erant personae habiles ad accusandum talem Dominum." Hätte Tolomeo, der Verfasser der Hist. eccl., anders schreiben können? So hat die Beschäftigung mit den gegen die Authenticität der 2. balutianischen Vita geäusserten Bedenken gerade zu dem unanfechtbaren Ergebnis geführt: Tolomeo von Lucca und kein anderer ist der Urheber dieser Vita. Über die Lebensverhältnisse desselben ist von Krueger,[1] D. Koenig,[2] Scheffer-Boichorst,[3] Th. Lindner[4] und schliesslich auch Lorenz[5] gelegentlich gesprochen und soviel Material gesammelt worden, dass eine erschöpfende und befriedigende Darstellung seines Lebens und Schaffens unternommen werden kann.

Ptolomaeus de Fiadonibus wurde wahrscheinlich schon im Jahre 1236 in Lucca geboren. Sehr früh trat er als

---

[1] Krueger, des Ptolomaeus Lucensis Leben und Werke, Göttingen 1874

[2] Koenig, „Ptolomaeus von Lucca und die flores chronicorum des Bernardus Guidonis," Würzburg 1875 und im Programm der Realschule zu Harburg 1878.

[3] Florentiner Studien, 1874

[4] Forschungen XII, 240 Ueber das Verhältnis Tolomeos zu Bernardus Guidonis

[5] Lorenz, „Deutschlands Geschichtsquellen im Mittelalter," Bd. I.

Novize des Predigerordens in das Kloster San Romano zu
Lucca ein und war nach der Chronik des Klosters 1288
und 1297 Prior des Klosters San Romano, 1301 und 1302
Prior des Klosters S. Maria Novella zu Florenz und 1288
wurde er prädicator generalis auf dem General- und Provinzial-
kapitel in Lucca. Nach Ausweis derselben Quelle fungierte
er 1300 als definitor des Provinzialkapitels zu Orvieto, 1303
als solcher zu Spoleto, 1302 war er definitor des General-
kapitels zu Bologna unter Magister Bernardus Vasco und 1301
finden wir ihn zu Köln als einen der Wähler des Ordens-
meisters Bernardus de Juzico auf einem Generalkapitel. Schon
diese von Krueger mit zahlreichen Belegen beglaubigten
Daten beweisen, dass Tolomeo innerhalb seines Ordens eine
sehr einflussreiche Stellung eingenommen haben muss. Für
seine geistige Bedeutung spricht auch der Umstand, dass er
Schüler des hl. Thomas gewesen ist und mit ihm in freund-
schaftlichem und häufigem Verkehr stand. Er selbst rühmt
sich[1]): „quemque ego probavi inter homines, quos umquam
novi, qui suam saepe confessionem audivi et cum ipso multo
tempore conversatus sum familiari ministerio ac ipsius auditor
fui". Dass er päpstlicher Bibliothekar gewesen sei, wie einige [2])
behaupten, trifft nicht zu; wenigstens lässt sich diese Vermutung nicht urkundlich belegen. Vom Jahre 1305—1309
verschwindet Tolomeo aus den uns erhaltenen Urkunden. Doch
steht fest, dass er bis zum Oktober des Jahres 1309 in Italien
geblieben ist.[3]) Als einen Markstein seines Lebens muss
man die Übersiedlung Tolomeos nach Avignon an den Hof
Clemens V. gegen Ende des Jahres 1309 bezeichnen. Vom
29. October 1309 weilt er in Avignon im Hause des Cardinals
Leonardo Patrasso, Bischofs von Albano, als Kaplan desselben. Krueger vermutet, dass sich Tolomeo an den päpst-

---

[1]) Mur. Scriptores Rer Italic XI, 5, 1169

[2]) Echard, M. Campi.

[3]) Breve Clemens V. vom 28. Juni 1309

lichen Hof begeben habe, um dort leichter zu Einfluss und Würden zu gelangen. Dass unser Autor sehr ehrgeizig gewesen sei, lässt sich aus dem, was wir sonst über ihn wissen, nicht gerade folgern; vielleicht hoffte er aber am päpstlichen Hofe für seine schriftstellerische Thätigkeit eine reiche Quellenausbeute. Sein Gönner starb im Jahre 1311 im Kloster San Romano in Lucca und vermachte seinem Kaplan Ptolomaeus von Lucca ein Legat von 50 Floren. Doch hat ihn dieser nicht nach Italien begleitet. Von seinem weiteren Aufenthalt in Avignon bis zum Jahre 1318 ist nur bekannt, dass er sich im Hause des Kardinals Wilhelm von Goudin befand, und dass während dieses Aufenthaltes seine Reisen in Frankreich fallen. Die in dieser Zeit ebenfalls vollendete Hist. eccl. nova widmete er jenem Wilhelm von Goudin (Guilelmus von Baiona). Am 15. März 1318 wurde Ptolomaeus von Johann XXII. zum Bischof von Torcelli ernannt und leistete am 17. November 1319 Dominicus, dem Partriarchen von Grado, den Eid des Gehorsams, mit dem er sich nicht lange darauf wegen der Nonnen des St. Antonklosters in Torcelli heftig entzweite. Krueger schildert diesen Konflikt sehr ausführlich, doch da derselbe für die Beurteilung Tolomeos als des Verfassers der clementinischen Vita von keinem Belang ist, so kann von einem Referat über den Zwist abgesehen werden. Bald nach Uebernahme seines bischöflichen Amtes meldeten sich bei Tolomeo die Gebrechen des Alters; gewissenlose Verwandte missbrauchten den 85jährigen Greis zu selbstsüchtigen Zwecken; er war bereits kindisch und geistesschwach geworden und konnte seinem Amt nicht mehr vorstehen und vielfach lesen wir Klagen über seinen Nepotismus und die Verschleuderung der Kirchengüter des Bistums Torcelli. Endlich machte im Jahre 1326 oder 27 der Tod seinem arbeits- und verdienstreichen Leben ein Ende, für seinen Ruhm fast einige Jahre zu spät. Von seinen Werken sind zu nennen: Das verloren gegangene Exahemeron, sein Catalogus imperatorum et eorum gesta; die Historia tripartita; Annales breves, de regimine principum (ein bedeutungsvolles Werk, das vom hl. Thomas begonnen und von ihm vollendet wurde) und endlich die Historia ecclesiastica nova.

Wenn man Tolomeos Vita über Clemens V. auf ihren Wert als geschichtliches Quellenmaterial hin charakterisieren will, so hat man vor allem zu untersuchen, ob die von ihm mitgeteilten Thatsachen durch andere urkundliche oder sonst unanfechtbare Zeugnisse bestätigt werden. Dieser Aufgabe hat sich bereits D. Koenig in seiner Schrift: „Ptolomaeus von Lucca . . .“ S. 13 ff. unterzogen. Die von Koenig auf ihre Richtigkeit geprüften Nachrichten betreffen meist die Verhandlungen Heinrichs VII. und seiner Gegner (tuscische Guelfenpartei) mit der Kurie, welche die Krönung Heinrichs bezw. deren Vereitelung zum Ziele hatten. Um die quellenkritische Bedeutung der Vita ermessen zu können, wollen wir die von Tolomeo darin überlieferten Thatsachen einteilen in solche, welche durch Vergleichung mit anderen zeitgenössischen Zeugnissen als beglaubigt zu betrachten sind, und solche, welche nur von ihm berichtet und darum unkontrollierbar sind; der letzteren sind wenige, und diese meist von keinem Belange. Für die Glaubwürdigkeit des Verfassers spricht jedenfalls auch der Umstand, dass er, wo ihm nicht unmittelbare Quellen vorlagen, die Gewissheit des Berichtes mit einem ut dicitur, ut fertur einschränkt. So giebt er die Motive, welche nach einem ihm bekannt gewordenen Gerücht Johannes Parricida zur Ermordung seines Oheims trieben, mit Vorbehalt wieder. (Col. 28.) Col. 37 erwähnt er vom Jahre 1310, dass in Italien verberationes hominum vorgekommen wären, infolge deren durch Blutrache entstandene Feindschaften in wunderbarer Weise in Frieden und Freundschaft beigelegt wurden. In die Richtigkeit der folgenden Nachricht: „Et mirabilia apparuisse in imaginibus“ setzt er starken Zweifel, den er durch ein „dicuntur, licet multa falsa sint inventa“, ausdrückt. Col. 44, 46, 50,

56 u. a. kennzeichnet er ebenfalls einen Bericht oder eine Einzelheit desselben mit einem vorsichtigen „ut a fide dignis accepi, ut audivi, ut scribitur" als nicht zuverlässig beglaubigt.

Allerdings könnte man wegen der bei Tolomeo öfters zu Tage tretenden feindseligen Gesinnung gegen den französischen König gegen die Glaubwürdigkeit unseres Chronisten Bedenken erheben. So lodert (Col. 35) dieser Hass bei der Erwähnung des angeblichen und wohl auch historischen Ehebruchs der Schwiegertöchter des Königs in den leidenschaftlichen Worten auf: „In quo facto non fuit actum ut debuit, quia talia naturam habent stercoris, quod tanto plus volvitur, tanto plus foetet." Col. 45 berichtet derselbe Verfasser, dass die auf dem Concil von Vienne anwesenden Söhne und Brüder Philipps die Absendung päpstlicher Schreiben an den deutschen König hinderten, worin sich Clemens gegen die Rebellen desselben wendet; doch ist dieser Bericht streng sachlich gehalten, ohne Reflexion. Die Wendungen, in welchen sich der Hass Tolomeos gegen Wilhelm von Nogaret äussert (Col. 36, 37), wurden bereits an anderer Stelle citiert und spiegeln ebenfalls die Gesinnung wieder, welche den Verfasser gegen den französischen Hof beseelte. Doch darf man die Tragweite derartiger Aeusserungen nicht überschätzen; das erhellt schon daraus, dass die Vita kein, Philipp IV. günstiges, Ereignis verschweigt, wenn anders das zarte Gewissen eines mittelalterlichen Chronisten überhaupt dessen Registrierung fordert und dass er in der Erzählung derselben stets in den Grenzen ruhiger, objektiver Sachlichkeit bleibt. Wenn Tolomeo die Quasi-Inhaftierung Clemens V. in Poitiers nicht erwähnt, so erklärt sich diese Thatsache einfach daraus, dass er erst seit dem Jahre 1309 in Avignon bezw. am päpstlichen Hofe sich aufhielt und deshalb über die Ereignisse des Jahres 1307 nicht so genau unterrichtet war. Absichtlich wurde sie nicht verschwiegen; denn Philipp hätte in den Augen des Leserkreises, für welchen Tolomeo schrieb, durch die Veröffentlichung dieses seines Verhaltens nicht gewonnen. Vor allem aber spricht für seine Wahrheitsliebe die Thatsache, dass er auch ihm unliebsame Vorgänge in seine Darstellung aufnimmt. So leuchtet Col. 28, 38 und 47 eine leise Voreingenommenheit gegen Deutschland und spez. Heinrich VII. durch, die jedoch den Verfasser keineswegs hindert die kriegerischen Erfolge Heinrich's in Italien mitzuteilen. Auch erzählt er trotz seines bereits an anderer Stelle besprochenen Lokalpatriotismus die für die Florentiner wenig schmeichelhafte und ehrenvolle Thatsache (Col. 49), dass der Kaiser 1 1/2 Monate vor Florenz gelegen habe, ohne Widerstand zu finden, obwohl die Belagerten „ubi convenerant Lucani, Bononienses, Romandioli et Senenses", in der Ueberzahl gewesen und darum häufig zum Ausrücken ermuntert worden seien. Auch die auf Col. 34 berichtete Befreiung der Pistojenser vom Joch der Lukaner und Florentiner beweist seine Wahrheitsliebe und chronistische Gewissenhaftigkeit. Nach D. Koenig hat man Tolomeo als den offiziellen Hofhistoriographen der avignonensischen Päpste bezeichnet. Sehr mit Unrecht; denn an mehreren Stellen erscheint Clemens V. gerade in dessen Vita in einem wenig vorteilhaften Lichte; so erfahren wir von Tolomeo (Col. 43), dass auf dem Konzil von Vienne alle Prälaten mit Ausnahme 3 französischer Erzbischöfe und eines italienischen Bischofs für ein freies Verfahren gegenüber den Templern eintraten. Hätte Tolomeo dem Interesse der Kurie auf Kosten der historischen Wahrheit dienen wollen, dann hätte er diesen Umstand verschweigen müssen; denn angesichts dieser Haltung des Konzils lässt sich die Nachgiebigkeit des Papstes in dieser Frage gegenüber dem Drängen des französichen Königs nur noch schwerer entschuldigen. Auch der Bericht über den Zwang, den die Söhne Philipps IV. auf Clemens während des Konzils ausübten, hätte im Interesse des letzteren von einem weniger wahrheitsliebenden Chronisten unterdrückt werden können. Der Papst erscheint hier fast nur als eine Marionette des Königs von Frankreich. Endlich wird man in der Bemerkung desselben Autors (Col. 56), der Papst sei nach Erlass der Konstitution gegen die Mendikanten nie mehr ganz gesund geworden, kein Zeichen übertriebener Sympathie für Clemens V. erblicken können.

Es wäre damit konstatiert, dass seine persönlichen Empfindungen und seine Parteistellung keinen Schatten auf die Treue seiner Berichterstattung werfen, und es bliebe nur noch der Zuverlässigkeitsgrad Tolomeos unter Rücksichtnahme auf seine Informationen und Quellen zu untersuchen. Wie die biographischen Notizen besagen, lebte Tolomeo vom Jahre 1309 ab in Avignon in der Umgebung des Cardinals Leonardo Patrasso und nach dessen Tode im Hause des Cardinals Wilhelm von Goudin und war somit in der Lage, sich über die diplomatischen Vorgänge am päpstlichen Hofe Kenntnis zu verschaffen. Und da der päpstliche Hof im politischen Leben des Mittelalters die zentrale Stellung einnahm, so wurden hier gewissermassen wie in einem Brennspiegel alle Strahlen aufgefangen, welche die Ereignisse, auch der entfernteren Länder der bekannten Welt, aussandten. Mit Deutschland, Italien, England, Schottland, Spanien stand die Kurie in den lebendigsten Wechselbeziehungen; selbst mit dem Fürsten des dalmatischen Küstenlandes knüpfte Clemens Verhandlungen an. Der Prozess der Templer, der freilich in Frankreich das aktuellste Interesse beanspruchte, setzte den diplomatischen Apparat damals in allen Ländern, in welchen Niederlassungen jenes Ordens entstanden waren, in noch stärkere Bewegung, als sonst. Das Konzil von Vienne versammelte um den Papst die Prälaten des gesamten katholischen Europa und gab leicht einem am päpstlichen Hofe lebenden Chronisten, wie Tolomeo, die beste Gelegenheit, aus unanfechtbarer Quelle wertvolle Beiträge zur Geschichte des zeitgenössischen Europa's zu empfangen. Es ist wohl nicht zweifelhaft, dass Tolomeo diese reiche Fundgrube geschichtlichen Materials nach Möglichkeit und Bedürfnis ausgebeutet haben wird. Wie bereits in der Beantwortung der Frage nach dem Abfassungsort betont wurde, tragen seine Berichte durchweg den Charakter der Bestimmtheit, wie ihn das Bewusstsein der Zuverlässigkeit des Gewährsmannes oder der Quelle aufprägt, und der uns die Unmittelbarkeit und Treue der Überlieferung verbürgt. Nirgends verrat der Verfasser jenen Mangel an Sachkenntnis, der sich mit allgemeinen, phrasenhaften Wendungen behilft. Als Belegstellen dafür mögen besonders die Partieen dienen, wo er die Anstrengungen des Königs schildert, den Papst für die Vernichtung der Templer zu gewinnen, sowie die Darstellung des Diffamierungsprozesses Bonifaz VIII., die Berichterstattung über die Vorgänge in Italien und die Verhandlungen Heinrichs VII. und seiner Gegner mit der Kurie. Auch die Mitteilung der Vita (Col. 40): Nach Beendigung des Prozesses gegen Bonifaz VIII. und der Absolution Wilhelms von Nogaret hätten die französischen Gesandten der päpstlichen Schatzkammer als Entschädigung für die Mühewaltung der Kurie 100000 Gulden entrichtet, mag als Beweis für die wertvollen Beziehungen des Verfassers zum päpstlichen Hofe noch angeführt werden. Wie aus der oben gegebenen Biographie Tolomeos hervorgeht, besass er, was auch ein Blick auf seine vielseitige und umfassende litterarische Thätigkeit bestätigt, einen so hohen Bildungsgrad und einen so weiten Kenntniskreis, dass er wohl befähigt war, sich über die von ihm beobachteten Vorgänge ein präzises und zutreffendes Urteil zu bilden. Wenn auch die Vita Clemens V. dem Verfasser wenig Gelegenheit giebt, seine ausgebreiteten Kenntnisse zu entfalten, — nur sein Interesse für Astronomie tritt hier sehr deutlich hervor — so wird man doch dem Freunde und Schüler des hl. Thomas, dem Verfasser der Hist. eccl. und des Werkes „de regimine" die Qualifikation für ein solches Urteil nicht absprechen. Gegenüber diesem bedeutenden Beweismaterial für die Zuverlässigkeit unseres Autors fällt es wenig ins Gewicht, wenn dieser in der clementinischen Vita die auf dem Konzil von

Vienne gegen Mitglieder seines Ordens erlassene Konstitution (Col. 56) am Schluss der Vita, und ausserhalb des Zusammenhanges mit der Gesundheitserschütterung Clemens V. in Causalnexus bringt. Ebenso wenig vermögen an dem Ergebnis jenes Beweisganges die beiden chronologischen Ungenauigkeiten, die sich in die 33 Columnen umfassende Vita eingeschlichen haben, etwas zu ändern. Col. 34 lässt sie nämlich Rhodus bereits 1309 den Kreuzrittern in die Hände fallen, während dies in Wirklichkeit erst am 15. August 1310 eintrat; doch wurden die Anstalten dazu bereits 1309 getroffen; daraus erklärt sich der Irrtum. Auch lässt er (Col. 32) Heinrich von Luxemburg erst im Anfange des Jahres 1309 zum König von Deutschland gewählt werden, während dessen Wahl bereits am 24. November 1308 erfolgte. Dieser Metachronismus ist um so auffallender, als Tolomeo das Datum seiner Krönung ganz zutreffend mit dem 6. Januar 1309 angiebt. Der Verfasser hätte sich doch sagen müssen, dass Wahl und Krönung nicht gut in so kurzen Zwischenräumen auf einander folgen können; diese Schwierigkeit erklärt sich am einfachsten, wenn man annimmt, dass Tolomeo die Nachricht aus einer sonst bewährten schriftlichen Quelle ausschrieb, der gegenüber er jede Reflexion über die Wahrscheinlichkeit dieser Angabe glaubte unterlassen zu können.

Nachdem im Vorausgegangenen die Gewährsmänner oder mündlichen Quellen der von Tolomeo verfassten Vita Clemens V. ermittelt worden sind, bedarf noch die Frage einer Beantwortung, welche schriftlichen Quellen Tolomeo für seine Lebensbeschreibung benutzt hat. Da Tolomeo gleichzeitig mit den von ihm berichteten Ereignissen schrieb und vermöge seiner Verbindungen mit dem päpstlichen Hofe meist ohne die Hilfe schriftlicher Quellen auskam, so ist die schriftliche Quellenausbeute recht karg. Wie aus Col. 40 ersichtlich ist, war Tolomeo ein Einblick in die päpstliche Verwaltung gestattet. An jener Stelle spricht

nämlich die Vita von den 100000 Fl., welche Philipp IV.
„quasi pro quadam recompensatione laborum circa dictam
causam" an die päpstliche Schatzkammer entrichtete. Mit der
Thatsache, dass Tolomeo mit der päpstlichen Kammer enge
Fühlung hatte, stimmen auch noch zwei Notizen auf Col. 28
und 40 bezw. 50 überein. Col. 28 erwähnt der Verfasser,
dass der Census, den Karl von Neapel dem Papste schuldete,
die Summe von 1600000 Goldgulden überstieg. Col. 40
und 50 giebt er davon Nachricht, dass die Venetianer bei
ihrer Aussöhnung mit der Kirche als Busse 100000 Gulden
an die päpstliche Kammer zu zahlen hatten. Diese genauen
Zahlenangaben legen den Gedanken nahe, dass der Verfasser
wiederholt in die Einnahmeregister der päpstlichen Kammer
Einsicht nahm. Dass man für die Nachricht, Heinrich von
Luxemburg sei erst im Anfange des Jahres 1309 zum Könige
von Deutschland gewählt worden (Col. 32), eine Vorlage
annehmen muss, wurde bereits oben bemerkt. Nach Ausweis der Col. 24, 39, 50 scheint er auch die amtlichen
Schriftstücke über Ernennung von Legaten und Kardinals-
kreationen benutzt zu haben. Col. 30 giebt die Vita den
Inhalt eines Schreibens Philipps IV. an, das Wilhelm von
Plasian dem Papste überbrachte, und in welchem jener die
Kanonisation Coelestins V., die Einleitung des Infamations-
prozesses gegen Bonifaz VIII. und die Absolution Wilhelms
von Nogaret verlangt. Die Antwort des Papstes wird im
Auszuge mitgeteilt. Auch Col. 34 giebt die Rede des
Papstes an die Gesandten Heinrichs VII., welche im Namen
dieses Königs um die Bestätigung seiner Wahl bitten sollten,
wenigstens in ihren Hauptgedanken wieder; diese und die
auf Col. 42, 50, 53 aufgezeichneten Berichte begründen die
Vermutung, dass Tolomeo auch die Benutzung von Doku-
menten aus der päpstlichen Kanzlei freigestellt war, und
dass ihm zuweilen auch Entwürfe zu Reden Clemens V. oder
Aufzeichnungen über dieselben vorlagen. Wenn wir die
Benutzung der päpstlichen Kanzlei in der Vita nicht häufiger

beobachten, so liegt das daran, dass er über die Dinge, über welche er aus der Kanzlei Aufschluss erhalten konnte, bereits aus eigener Anschauung und persönlicher Erfahrung referieren konnte. Dass ihm daneben auch die amtlichen Urkunden z. B. das Rundschreiben Clemens V. vom 2. August 1308 „Regnans in coelo", die Aufhebungsbulle des Ordens, die im September 1313 erlassene Sentenz gegen jeden Angreifer Roberts von Apulien und die auf dem Konzil von Vienne veröffentlichten canones, nicht unbekannt gewesen sind, müssten wir bei einem so gewissenhaften Chronisten, wie Tolomeo, annehmen, auch wenn uns die Col. 30, 31, 43, 53, 54 nicht darüber belehrten. So hat also die Untersuchung dieser clementinischen Vita in ihrem ganzen Verlauf dazu geführt, das von D. Koenig[1]) über Tolomeo als Schriftsteller im allgemeinen gefällte günstige Urteil besonders für die Vita Clemens V. zu bestätigen.

§ 3. Die 3. und 4. balutianische Vita.
(Bernard de Guy.)

1. Für die Beantwortung der Frage, wann die Bernardus Guidonis zugeschriebene Lebensbeschreibung Clemens V. in ihrer kürzeren und längeren Redaktion entstanden sei, scheint uns auf Col. 76 die Notiz einen Anknüpfungspunkt zu liefern, welche die Ueberweisung der auf Majorca gelegenen Templergüter an die Johanniter als vollendete That- sache berichtet; diese erfolgte erst 1320; demzufolge wäre als terminus a quo der Abfassung das Jahr 1320 anzunehmen, und Schottmueller entscheidet sich auch für diesen terminus. Wegen der Neigung Bernards, an seinem Entwurfe beständig zu berichtigen und einzuschieben, liegt jedoch die Möglichkeit einer Interpolation dieser Stelle zu nahe, als dass man aus ihr allein einen Schluss auf die Abfassungszeit der Vita ziehen könnte. Sie beweist bei diesem Schriftsteller lediglich,

---

[1]) Koenig „Programm der Realschule zu Harburg" 1878.

dass er auch nach dem Jahre 1320 noch an seiner Vita
Clemens V. feilte und sie, wo es nötig schien, ergänzte.
Wie aber im Verlauf der Untersuchung nachgewiesen werden
wird, hat Bernhard die Vita Tolomeos als Vorlage benutzt
und zwar bis zum Jahre 1311; von da ab bleibt die Vita
von dem Lucchesen unabhängig. Man wird also die Vita
in zwei Teile scheiden müssen, den einen, welcher die
Ereignisse bis zum Jahre 1311 behandelt, und den zweiten,
welcher die Ereignisse nach diesem Jahre berichtet. Der
erste Teil ist unmittelbar vor der Abreise Tolomeos nach
Vienne und zwar im Ganzen verfasst worden, weil die darin
berichteten Ereignisse im Zusammenhange erzählt werden.
Von diesem Jahre ab schreibt auch Bernard gleichzeitig mit
den Ereignissen; diese Annahme wird nahe gelegt durch die
Natur und die Schilderung der auf Col. 74, 75, 77, 78—84
gemeldeten Ereignisse, so dass also die Vita kurz nach
1316 oder 1318 abgeschlossen war. Auf die letztere Annahme
wird man durch eine Bemerkung auf Col. 80 (oben) hingewiesen, der zufolge Johann XXII. vier Jahre nach dem Tode
Clemens V. dessen „constitutiones" veröffentlichte und codi-
fizierte.

2. Bei der Bestimmung des Abfassungsortes der
Vita lassen sich die auf Col. 69, 71, 74 und 78 gegebenen
Lokalnachrichten aus Toulouse verwerten. Col. 69 giebt der
Verfasser der Vita die Dauer des Aufenthaltes Clemens V.
in Toulouse im Jahre 1309 und zwar wie aus den neuer-
dings veröffentlichten Regesten Clemens V.[1] ersichtlich ist,
zutreffend an. Col. 71 meldet er eine grosse Ueber-
schwemmung, die eine Teuerung zur Folge gehabt hatte,
sehr ausführlich, Col. 74 bespricht er breit und eingehend
das Wüten einer Epidemie in Toulouse und Umgegend.
Col. 78 erzählt er einen Todesfall aus Toulouse, dem er
sicher nicht soviel Bedeutung beigelegt hätte, wenn nicht

---

[1] Reg. Clem. V., tom IV., Col. 20—26, 65 und 117.

lokale Rücksichten für ihn im Spiele gewesen wären. Man darf somit Toulouse bestimmt als den Abfassungsort der beiden Bernard von Guy zugeschriebenen Viten bezeichnen.

3. Die beiden Bernardus Guidonis zugeschriebenen Viten Clemens V. sind in Rücksicht auf ihre Echtheit nicht beanstandet worden. Nur Schottmueller[1]) bezweifelt die Authenticität der letzten vier Columnen (Col. 81—84) der vierten Vita und begründet seine Zweifel mit der Thatsache, dass die Vita bis zu Col. 80 bereits ein abgeschlossenes Ganzes bilde, und dass die im qu. Schluss enthaltenen Angaben dem im übrigen Teil der Vita Gesagten teilweise widersprechen. So sei der Ort, wo Clemens starb, in beiden Teilen der Vita verschieden genannt. Er hätte noch hinzufügen können, dass auch die Form in beiden Teilen verschieden sei. Gegenüber der gleichmässigen, ruhigen Darstellung des ersten Teiles der Vita fällt die Lebhaftigkeit des Schlusses, die manchmal in lehrhaften, mahnenden Predigerrufen ausklingt, bedeutend auf. So knüpft der Verfasser des Schlusses an die sehr ins Einzelne gehende Schilderung des Sturzes und der Hinrichtung Enguerands von Marigny die pathetische Mahnung: „Discant et pertimes- „cant tam praesentes quam posteri in gradu consimiles et „fortuna sobrie et iuste ac pie vivere in hoc saeculo, prae- „caventes, ne casum consimilem merito patiantur." Nach der Schilderung des verunglückten Feldzuges, den Ludwig X. von Frankreich nach Flandern unternahm, bricht er in den von glühendem Hass gegen das französische Königshaus diktierten Ruf aus: „Et nunc reges et principes intelligant „et erudiantur, qui iudicant terram sic agere sicque disponere „iustum bellum, ut summo opere praecaveant, ne cum „exactionibus pecuniarum indebitis ac subiectorum violentiis „parent bella, quia non habet eventus sordida praeda bonos „et cum bellandi causa ingruerit, tempus noverint eligere

---

1) Schottmueller, „Untergang des Templerordens," Bd. I, S. 677 u. f.

„congruum ad bellandum." Wenn nun diese Bedenken zur
Erschütterung der Echtheit der genannten Partie kaum ausreichten, falls sie sich auch nicht zerstreuen liessen, so wird
ihre Bedeutung noch mehr abgeschwächt, sobald wir die
Differenz der Angaben und die schriftstellerische Eigenart
des Bernardus Guidonis näher ins Auge fassen. Dieser
Untersuchung möge die Feststellung vorausgeschickt werden,
dass eine solche Differenz im Text des Balutius nicht vorkommt, und es ist leicht möglich, dass dieselbe auch von
Schottmueller irrtümlich herausgelesen wird. Doch soll vor-
erst angenommen werden, dass der Text, welcher Schottmueller vorlag, jenen Wiederspruch enthält. In diesem Falle
liefert uns den Schlüssel zur Erklärung der Schwierigkeit
O. Lorenz,[1] dem eine umfangreiche, meist französische
Litteratur über Bernard de Guy vorlag. Dieser erzählt uns
nämlich, dass unser Verfasser unablässig an der Verbesserung
seines Werkes arbeitete, seine Angaben beständig ergänzte,
berichtigte, an passender Stelle wiederholte und vieles, was
ihm aufgrund neuerer Informationen unrichtig schien, wieder
tilgte. „Eine Fülle von Notizen und Correkturen, eine ver-
„wirrende Menge von Verweisungszeichen im Text und
„ringsherum am Rande Rasuren und überschriebene Stellen
„machten zwar bald eine Reinschrift nötig, aber nun begann
„derselbe Vorgang wieder von neuem; wieder trug Bernard,
„nicht befriedigt von der veränderten Fassung seines Werkes,
„neue Verbesserung in dasselbe ein . . ." und etwas später
„fügt er hinzu: „Jede seiner neuen Auflagen ist eine ver-
„besserte, jede rückt um ein Stück Zeitgeschichte vor, so dass
„die Texte mit sehr verschiedenen Jahren von 1316—32
„abschliessen." Da nun, wie an a. O. noch bemerkt werden
wird, Bernard aus Tolomeos Vita Clemens' V. schöpfte,
diesen Führer aber mit dem Jahre 1311 auf einige Zeit

---

[1] O. Lorenz, „Deutschlands Geschichtsquellen", 3. Aufl., II. Bd.,
S. 283.

verlor, so ergiebt sich sehr einfach folgende Erklärung für jenen Widerspruch: Nachdem Bernard aus irgend einer, jetzt schwer kontrollierbaren Quelle die Bemerkung ausgeschrieben, dass der Papst zu Carpentras gestorben, kam ihm, als er seine Vita bereits abgeschlossen, die Vita von Tolomeo zu Gesicht, die an dieser Stelle eine andere Angabe enthält. Carpentras oder Rocchammaura[1]) können nach dem Zusammenhange allein in Betracht kommen. Weil Bernard seinem bewährten Führer Tolomeo mehr Vertrauen schenkte, als seiner ersten Quelle, trug er kein Bedenken, seinen früheren Irrtum zu berichtigen. Mittlerweile war aber dem Pontifikat Clemens' V. eine zweijährige Sedisvakanz gefolgt, deren Geschichte in gewissem Sinne ebenfalls zu dem Pontifikat Clemens V. gehörte. Daher wollte er seine Berichtigung jener Angabe nicht an dem geeigneten Orte in dem, durch viele Korrekturen ohnedies schwer leserlichen Texte der Vita anbringen, sondern nahm die Angabe des thatsächlichen Todesortes Clemens' V. in die Fortsetzung der Vita dieses Papstes auf, welche die Geschichte der Sedisvakanz von 1314—16 behandelt.[2]) Da also dieser Teil der Vita verhältnismässig viel später geschrieben wurde, als der erste Teil, so ist auch die Form der Darstellung im zweiten Teile von der Schreibweise im ersten Teile einigermassen verschieden. Wie jedoch bereits oben angedeutet wurde, liegt hier wahrscheinlich ein Versehen Schottmuellers vor, und Bernard hat den Ort, wo Clemens starb, gar nicht verschieden angegeben. Diese Vermutung legt sich nahe, weil sich der von Schottmueller konstatierte Widerspruch in jenem Abschnitt der clementinischen Vita in dem

---

[1]) Roquemaure.

[2]) Diese Rücksicht dürfte auch für ihn massgebend gewesen sein, als er neben die kürzere Vita Clemens V. eine in längerer Fassung stellte. Später bekannt gewordenes Material zu der Geschichte des clementinischen Pontifikates machten eine Neuredigierung der ersten Vita nötig, die wir als die zweite und ausführlichere kennen.

Text des Balutius gar nicht findet, obwohl derselbe zu Missverständnissen führen kann. Der erste Abschnitt, welcher eine auf den Tod des Papstes bezügliche Angabe aufweist (Col. 80 oben) bringt dieselbe in folgendem Zusammenhange. Am 20. März 1314 liess der Papst „in castro de Montiliis prope Carpentoraten civitatem, in qua tunc Curia morabatur" die von ihm erlassenen und nach seinem Willen zu einem Buche, dem damaligen „liber septimus" vereinigten „constitutiones" im Consistorium veröffentlichen. Darauf fing der Papst an zu kränkeln; „unde post obiit XXXI. „die sc. XII. Kalendas Maii. Et sic liber ille non fuit „missus ad studia generalia, ut est moris, nec expositus „communiter ad habendum; sed remanserunt constitutiones „illae sic fere quadriennio in suspenso, donec postmodum „per eius successorem fuerunt publicatae et bullatae et ad „studia generalia destinatae."

Im nächsten Abschnitt berechnet Bernard die Dauer des Pontifikates Clemens V. und fährt dann fort: „Obiit „autem in nocte praecedente die sabbati subsequentis, quod „fuit XII. Kalendas Maii, pontificatus sui anno IX, anno „Domini MCCCXIV apud Rocchammauram, quod est castrum „Regis Franciae super Rhodanum in finibus regni sui; fuit- „que reportatum inde corpus eius ultra Rhodanum extra „regnum Franciae apud Carpentoraten, ubi Cardinales cum „alia curia residebant." Im ersten Abschnitt will unser Autor offenbar nur mitteilen, wann Clemens seine „constitutiones" publizieren liess, und warum er nicht alle publizieren konnte, ein Gedanke, den der venetianische Anonymus mit den Worten ausdrückt: „intendebat septimum librum Decretalium „componere, sed morte praeventus non potuit." Es lag Bernard an dieser Stelle vollständig fern, die näheren Umstände des Todes Clemens V. anzugeben; das „unde post obiit" ist gar nicht örtlich, sondern zeitlich zu nehmen. Es wäre falsch und entspricht sicher nicht der Absicht Bernards, diese für die Veröffentlichung der Constitutionen

gegebene Zeitbestimmung auch auf den Ort des Todes
Clemens V. zu beziehen. Im folgenden Abschnitt geht
der Verfasser ex officio auf die näheren Umstände des
Todes Clemens V. ein und bezeichnet da auch richtig
Rocchammaura als den Ort, wo der Papst starb. Dass
Bernard die kleine Reise vom castrum de Montiliis nach
Rocchammaura, die man nach dem Context in die Zeit vom
21. März bis zum 20. April einschieben muss, nicht erwähnt,
darf bei Privatreisen des Papstes nicht Wunder nehmen;
nur wenn der Papst mit dem ganzen Hofstaat die Residenz
wechselt, nimmt Bernard davon Notiz; dass aber dieser den
Papst nicht nach Rocchammaura begleitete, geht aus der
Bemerkung Bernards hervor: „reportatum fuit inde corpus
eius Carpentoraten . . . ubi Cardinales cum alia Curia residebant." Jedenfalls lässt sich eine derartige Reise innerhalb
eines Monats auch von einem kranken Mann ausführen; ja
es darf nach dem Vorausgehenden sogar als wahrscheinlich
gelten, dass Gesundheitsrücksichten den Papst zum Wohnungs-
wechsel bestimmt haben. Diese Angaben Bernards werden
auch von den Regesten bestätigt, denen zufolge sich Clemens
bis zum 20. März 1314 im castrum de Montiliis[1]) und
wenigstens vom 7. April dieses Jahres in Roquemaure[2]) aufhielt. Damit wäre die von Schottmueller hervorgehobene
Schwierigkeit mühelos und einfach gelöst, die Echtheit dieses
zweiten Teiles könnte daneben ruhig bestehen bleiben.

4. Über die Lebensschicksale des Verfassers sei kurz
folgendes mitgeteilt.[3])

Bernardus Guidonis wurde im Jahre 1261 oder 62 im
Departement Haute-Vienne geboren. Bereits in frühem

---

[1]) Reg. Clem. V. tom. 9. Col. 103.

[2]) Reg. Clem. V. tom. 9. Col 107.

[3]) O. Lorenz, „Deutschlands Geschichtsquellen," 3. Aufl II. Bd..
S. 263.

Alter trat er in den Dominikanerorden ein und unterrichtete
zu Limoges und in anderen Schulen des Ordens bis zum
Jahre 1297; in diesem Jahre wählte ihn der Convent zu
Carcasonne zum Prior und da scheint auch seine historisch-
schriftstellerische Thätigkeit einzusetzen. In Carcasonne
blieb er bis zum Jahre 1301 und erhielt, nachdem er zwei
Jahre (1305—1307) wieder im Convent zu Limoges zu-
gebracht, das Amt eines Inquisitors zu Toulouse, welches
er bis zum Jahre 1323 bekleidete. Gleichzeitig weilte er zu
Beginn des Pontifikats Johann XXII. vier Jahre als General-
prokurator seines Ordens am päpstlichen Hofe, wo ihm
auch vielfach politische Missionen zugewiesen wurden. Am
26. August 1323 erhielt er das Bistum Tuy in Galizien, das
er aber bald mit dem Bistum Lodève vertauschte. Hier
ereilte ihn der Tod am 30. Dezember 1331. Zuerst und
noch vor seinen „flores chronicorum" verfasste dieser emsige
Historiker ein Compendium der Papst- und Kaisergeschichte.
Den Schluss der Papstgeschichte bildete eine tertia vita
Clemens V. und eine secunda vita Johann XXII. Der Teil
des Compendiums, welcher die Päpste behandelt, erscheint
zuerst als Anhang zu den „flores chronicorum"; dann wurde
er einer Umarbeitung unterzogen und bis Peter von Corvara
fortgesetzt als Anhang zu Bernards grossem hagiographischem
Werke: „Sanctorale". Die Kaisergeschichte reichte ursprünglich
bis zur Krönung Heinrichs VII., wurde aber nach dem Tode
desselben noch mit einem kleinen Zusatz versehen, der
mit den Worten: „delatumque fuit inde corpus eius ad
Pisas" schliesst; eine andere Handschriftenklasse hat noch
die Worte: „et sepultum", und eine dritte: „in ecclesia
cathedrali." Schliesslich enthält eine vierte Handschrift noch
ein Kapitel über Ludwig von Bayern und den von ihm
beschützten Gegenpapst, das zuerst mit der Bemerkung:
„nondum enim venit finis malorum ipsorum" und später mit:
„rediit in Theutoniam" abschliesst, und in dieser letzten
Fassung ist auch die Kaisergeschichte dem „Sanctorale" als

Anhang beigegeben.[1]) Ein zweites sehr bekanntes und beliebtes Werk aus der Feder Bernards sind die „flores chronicorum", die D. Koenig in dem oben citierten „Ptolomaeus von Lucca und die flores chronicorum des Bernardus Guidonis" einer quellenkritischen Besprechung unterzieht. Das letzte, grosse Werk unseres Verfassers ist endlich das „Sanctorale". Hier hat er aus Hieronymus, Prosper, Isidor und mehreren anderen Chroniken mit vieler Mühe seinen Stoff zusammengetragen, um den Lesern von Heiligenlegenden ein leichteres Verständnis der sehr häufig vorkommenden Datierungen nach Kaisern und Päpsten zu ermöglichen.

    5. Mit der inneren Wertbestimmung der von Bernard verfassten Vita geht die Quellenanalyse Hand in Hand. In seiner Untersuchung über das Verhältnis der Hist. eccl. des Tolomeo zu den flores chronicorum des Bernard kommt D. Koenig[2]) zu dem summarischen Ergebnis, dass Bernard bei der Abfassung seiner Chronikblüten im Jahre 1311 die Annalen und Kirchengeschichte seines Ordensbruders Tolomeo, welche dieser jedenfalls im Jahre 1311 unterbrochen, benutzt habe; auch bei der späteren Fortsetzung seines Werkes habe ihm die von Tolomeo weiter fortgeführte Kirchengeschichte freilich nur bis zur Capitulation von Brescia (18. Sept. 1311), wo der Lucchese eine Pause gemacht, als Vorlage gedient. So einfach und natürlich Koenig dieses Resultat im Verlauf seiner Untersuchung zu entwickeln scheint, so kann man ihm doch nach näherer Betrachtung in einer solchen Allgemeinheit nicht beistimmen. Dass eine starke litterarische Abhängigkeit zwischen beiden Autoren besteht, unterliegt allerdings keinem Zweifel. Den Beweis dafür liefert die Schilderung der Krönung des Papstes, die inhaltlich und zum grossen Teil auch in der Form übereinstimmt, die Beobachtung derselben Reihenfolge in der Darstellung der

[1]) Boehmer, Reg. 1197—1254. S LXXIV.
[2]) D. Koenig „Ptolomaeus von Lucca und die flores chronicorum des Bernardus Guidonis". S. 21—41.

Ereignisse, obwohl sie sachlich nicht gefordert ist; wenn
Bernard dabei ihm weniger wichtige Nachrichten aus Lucca,
Tuscien und überhaupt aus Mittelitalien auslässt, so kann
dieses Stillschweigen gewiss nicht als argumentum gegen
diese Annahme geltend gemacht werden. Einzelne Nachrichten sind fast wörtlich ausgeschrieben. So schreibt
Tolomeo Col. 24:

„Eodem anno III. Kal. Februarii revocat duas consti-
„tutiones Papae Bonifatii. Una fuit quam direxit Regi
„Franciae, in qua scribebat eidem ipsum Romanae Ecclesiae
„subiectum in spiritualibus et temporalibus. Alia, quae
„continetur in sexto libro, quae incipit: „Clericis laicos."
„Revocat etiam omnia, quae ex ipsa consecuta sunt."

Dieser Stelle sei nun die entsprechende Bemerkung
bei Bernard Col. 64 gegenübergestellt:

„Eodem anno in Kalendis Februarii Clemens Papa
„revocavit duas constitutiones Bonifazii quondam Papae,
„unam, quam direxerat Regi Franciae, in qua scribebat
„eidem, ipsum Regem esse subiectum Romanae Ecclesiae in
„spiritualibus et temporalibus, aliam vero, quae in sexto
„libro decretalium est inserta, quae incipit: „Clericis laicos."
„Revocat enim omnia, quae ex ipsis fuerant consecuta."

Ein zweites Beispiel für die häufig wörtliche Ueber-
einstimmung liefern die Berichte beider Autoren über die
Ermordung Albrechts von Oesterreich. Tolomeo schreibt
darüber:

„Eodem anno (1308) occisus fuit Rex Alamanniae
„Albertus a nepote suo, filio sui fratris, cuius causa fuit, ut
„fertur, quia omnia dabat filiis et de ipso non curabat cum
„tamen ipse esset filius primogenitus." Bernard erzählt
dieses Ereignis mit den Worten: „Anno MCCCVIII fuit
„occisus Albertus Rex Alamanniae a nepote suo filio fratris
„sui. Cuius causa fertur, quia omnia dabat filiis et de ipso
„parum curabat, quamvis ipse esset filius primogeniti."

In ähnlicher Weise sprechen beide, wie auch D. Koenig hervorhebt, über die Königswahl Heinrichs VII., die Erwerbung Böhmens durch das Luxemburger Haus und über die oberitalischen Ereignisse während Heinrichs VII. Aufenthalt in Italien. Auch die Berichte über den Verlauf des Diffamierungsprozesses Bonifaz VIII., die Partieen über den Häretiker Dulcinus, das Verhältnis der Venetianer zu Clemens V. u. a. m. in den Viten Tolomeos und Bernards gleichen sich im wesentlichen auffallend und bezeugen die literarische Abhängigkeit beider Autoren von einander. In der kürzeren Fassung der von Bernard verfassten Vita tritt, weil sie jedes schmückenden Beiwerkes entbehrt, dieses Verhältnis noch klarer zu Tage. Da nun die Natur der zum Beweise für die Abhängigkeit der beiden Chronisten citierten Stellen es zweifelhaft lässt, ob Tolomeo den Bernard, oder Bernard den Tolomeo ausgeschrieben habe, da bald der eine, bald der andere denselben Gegenstand ausführlicher behandeln, so entschliesst sich Koenig zur Annahme einer dritten gemeinsamen Quelle für beide: die Annalen des Tolomeo. Zur Unterstützung seiner Hypothese betont Koenig, dass Bernard, abgesehen von den erwähnten gemeinsamen Zügen nur in einigen Lokalnachrichten aus Toulouse und Umgegend und der Mitteilung einer Judenhetze im Jahre 1306 von seinem Ordensbruder Tolomeo abweiche; dabei zeige die Darstellung des Italieners eine annalistische Knappheit, während der Franzose mehr zu breiter und ausführlicher Erzählung neige. Die letztere Charakterisierung trifft allerdings zu, die erstere aber wird man nur mit einem gewissen Vorbehalt gelten lassen können. So erwähnt Bernard die im Jahre 1308 unternommene Mission Clemens' V., den König von Rascien[1]) für die römische Obedienz zu ge-

---

[1]) Rascien ist eine Landschaft der Balkanhalbinsel, wo im 12. Jahrhundert die Nemanjiden das spätere rassische oder serbische Königreich gründeten, das sich allmählich bis zur Küste Dalmatiens ausdehnte Bis in die Mitte des 13. Jahrhunderts wurden die Herrscher dieses Reiches „Könige des rassischen und des Küstenlandes" genannt.

winnen und den Misserfolg derselben, ebenso wird ein Kreuz-
zugsunternehmen eines Ruthenenbischofs im Jahre 1309
von Bernard wesentlich anders dargestellt, als von Tolomeo.
Dieser sagt Col. 34: „Eodem anno (1309) circa idem tempus
„(Anfang Aug.) venerunt ad curiam circa XXX millia inter
„Anglicos et Theutonicos, sed de Theutonicis plures, spec-
„tantes posse transfretare cum Hospitalariis. Sed Hospi-
„talarii noluerunt eos recipere, dicentes se habere gentem
„sufficientem.   Qui ibant ad capiendum insulam Rhodi,
„sicut et ceperunt.   Et quia Papa non providit eis, reces-
„serunt ad propria cum scandalo multo." Dieser Schilderung
halte man den Bericht des Bernard gegenüber: „Sequenti vero
„mense Septembris transfretat Episcopus Ruthensis Legatus in
„terram sanctam ad partes transmarinas cum magistro Hos-
„pitalis et alia multitudine hominum copiosa pro quodam prae-
„paratorio ad futurum passagium generale concessa a Papa
„transeuntibus plena indulgentia peccatorum. Sed ventis in
„mari contrariis per sequentem hiemem fuit cum multo per-
„sonarum et rerum incommodo et iactura navigatio impedita,
„et pervenientes ad Brundisium, multo tempore in illa vicinia
„substiterunt, vernum tempus ad navigandum prosperum
„expectantes.' Auch bei der Darstellung des Templerprozesses
kann Bernard nicht Tolomeo als Vorlage benutzt haben, da
dieser hierüber nur das Notwendigste bietet, während jener bei
aller Weitschweifigkeit doch diesen Gegenstand erschöpfend
behandelt, wie er ja auch durch seine Stellung als Inquisitor
von Toulouse als Berichterstatter des Templerprozesses in her-
vorragendem Masse qualifiziert erscheint. Auch die Datierung
der einzelnen Ereignisse ist bei Bernard genauer. So
verlegt Tolomeo die Wahl Heinrichs VII. in den Anfang des
Jahres 1309, während Bernard ebenso zutreffend als genau
den 25. Nov. 1308 als Wahltermin bezeichnet. Während
nach Tolomeo Rhodus bereits 1309 den Kreuzrittern in
die Hände fiel — wenigstens berichtet er dieses Ereignis
ohne nähere Angabe unter den übrigen Ereignissen dieses

Jahres — giebt Bernard genau und richtig den 15. August
des Jahres 1310 an. Der Tod Karls II. von Sicilien erfolgte
nach Tolomeo „ca. festum resurrectionis" 1309, nach Bernard
„quinta die introitus mensis Maii". Solcher Unterschiede
finden sich noch mehr, und sie bestätigen die Vermutung,
dass Bernard nicht allein aus Tolomeo schöpfte, auch
wenn er einmal etwas anderes als „Judenhetzen oder Lokalnachrichten aus Toulouse" zu berichten wusste. Dabei
bleibt bestehen, dass Tolomeo die Hauptquelle für Bernard
bildete und zwar nur bis zum Jahre 1311.

6. Auch muss die Vita Clemens V. von Tolomeo bezw.
seine Annalen Bernard bereits in einem fortgeschrittenerem
Stadium vorgelegen haben; denn während Tolomeo gewisse
Ereignisse, wie die Häresie und Strafe des Dulcinus, den
Conflict Venedigs mit dem Papst, den Prozess gegen
Bonifaz VIII., obwohl sie innerlich zusammengehören, anna-
listisch getrennt behandelt, erzählt Bernard das Zusammen-
gehörige zusammenhängend; die Fassung der tolomeischen
Vita setzte Bernard in den Stand, jene Ereignisse in allen
ihren Entwickelungsphasen zu überblicken, gewiss ein Vorzug
der Darstellung Bernards. Auch in der parteipolitischen
Haltung stimmt der Verfasser der flores chronicorum mit
dem Verfasser der Annalen überein. Doch tritt bei ersterem
der Gegensatz zu Philipp IV. und seine Dynastie schärfer
und ausgeprägter hervor, als bei diesem. So erwähnt Bernard
(Col. 75) in Zusammenhang mit seinem Bericht über die
Aufhebung des Templerordens auf dem Conzil von Vienne
auch die persönliche Anwesenheit des Königs, seiner Brüder
und seiner Söhne mit dem bezeichnenden Zusatz bei Philipp
„cui negotium (Templerprozess) erat cordi." Schwere An-
klagen erhebt der Autor gegen denselben auch (Col. 79) an
der Stelle, wo er die Verbrennung Jacob Molays mitteilt.
Wenn sich Bernard in diesen beiden Fällen zwar sehr belastend
gegen Philipp ausspricht, so halten sich seine Aeusserungen
doch immer noch im Rahmen ruhiger Sachlichkeit. Der

glühende Hass des Verfassers gegen das französische Herrscher-
haus aber enladet sich Cọl. 82 und 83 in heftigen, persönlichen
Ausfällen. Diese Eigentümlichkeit der Vita schwächt einigermassen die quellenkritische Bedeutung der Partieen, welche die
Entwickelung der Templerangelegenheit darstellen, ab; doch
darf man dieses Moment um so weniger pressen, als ja die
Echtheit der Col. 81—84 nicht ausser Frage steht. Könnte
handschriftlich der apokryphe Charakter dieser Col. festgestellt werden, dann enthielte das von Bernard über die
Templer gelieferte Referat wertvolle historische Angaben, die
auch orientierende Schlaglichter auf das Verhältnis zwischen
Clemens und Philipp werfen. Die Stellung als Inquisitor
von Toulouse giebt unserem Autor, dem sicher wichtige und
zahlreiche Untersuchungsakten der Templer zu Gesicht kamen,
die Autorität eines berufenen Berichterstatters über diesen
Gegenstand. Der quellenkritische Wert des übrigen Teiles
der Vita erledigt sich durch den Nachweis ihrer Abhängigkeit von Tolomeos Annalen und Kirchengeschichte.

§ 4. Die 6. balutianische Vita.
(Amalricus Augerii.)

1. Mit der Frage nach der Entstehungszeit der sechsten
balutianischen Vita, die Amalricus Augerii, Prior des Augustinerklosters zu Aspiran verfasste, hat sich bereits Schottmueller
gelegentlich in dem oben angeführten Werke beschäftigt
und verlegt dieselbe zwischen die Jahre 1346 und 1360; als
Unterlage zu dieser Annahme dient ihm eine Bemerkung,
mit welcher die Vita die Registrierung der Heirat einer
Tochter Philipps IV. mit Eduard II. (Col. 99) begleitet:
„propter quod (matrimonium) multa scandala et infinita mala
„exinde in regno Franciae fuerunt subsecuta, quae adhuc non
„sunt transacta, ut apparet de praesenti." Schottmueller
folgert daraus, dass der Verfasser nicht vor der Schlacht bei
Crecy, also vor dem Jahre 1346 und nicht nach dem Frieden

von Brétigny i. J. 1360 geschrieben haben kann. Man wird diese Schlussfolgerung kaum bestreiten können, wie es auch in diesem Falle schwer halten dürfte, die beiden chronologischen Marksteine, terminus a quo und ad quem näher an einander zu rücken. Die Untersuchung über den Abfassungsort der Vita ist erlässlich, weil uns hierüber die Aufschrift alles Nötige mitteilt; es kann auch nicht die Aufgabe der Quellenkritik sein, etwas mit einem grossen Aufwand von Argumenten zu beweisen, was zu bestreiten Chikane wäre.

2. Die Frage nach dem Verfasser der Vita wird gegenstandslos, weil die Echtheit derselben ausser Zweifel steht.

3. Ueber die Person und die Lebensstellung des Verfassers der 6. clementinischen Vita ist nur zu bemerken, dass er um die Mitte des 14. Jahrhunderts lebte, aus Beziers gebürtig, als Doktor der Theologie und Prior des Augustinerklosters zu Aspiran im Bistum Elue starb. Handschriften seines Werkes: „Chronicon pontificum seu actus pontificum romanorum usque ad . . . a 1321" fanden sich in München, Paris und Strassburg. Muratori hat sie in die Rerum Ital. script. III. p. 2 vollständig aufgenommen. Dieser hat, um die fortlaufende Reihe der Viten der Paepste zu erhalten, eine Anzahl von Lebensbeschreibungen von anderen Verfassern an geeigneter Stelle in Amalricus' Werk eingeschoben.

4. Soweit Potthast, der diesen Chronisten noch als einen „achtungswerten Schriftsteller" rühmt. Wie wenig Amalricus diesen Ruf verdient, haben bereits Lindner[1]), D. König[2]), Schottmueller[3]) mit einem so erdrückenden Belastungsmaterial bis zur Evidenz nachgewiesen, dass eine nochmalige Quellenanalyse dieser Vita notwendig zur Reproduktion jener Beweismittel führen würde. Sie wird mit dem Worte charakterisiert: „Das Wahre darin ist nicht neu, und

---

[1]) Forschungen XII, 241
[2]) D Koenig, „Ptolomäus von Lucca und die flor chron. d. B. G." S. 44—46.
[3]) Schottmueller, „Untergang des Templerordens". Bd. I. S. 678—81.

das Neue darin nicht wahr." Giebt der erste Teil dieses
Satzes das Resumé der Quellenanalyse, so enthält der zweite
Teil das Ergebnis einer Untersuchung über den inneren
Wert der Vita. Soweit Amalricus nicht sklavisch den flores
chronicorum Bernards in der ausführlicheren Redaktion (wie
sie im Codex Ambros. I. bei Mur. S. S. III., 1. abgedruckt
ist) folgt, giebt er, besonders in der Darstellung des
Templerprozesses die 30—40 Jahre nach den erzählten
Ereignissen im Volke cirkulierenden Legenden wieder.
Neben der Fülle der von Schottmueller zum Beweise dafür
angeführten Einzelheiten seien noch in Kürze einige
hervorgehoben. Wie die übrigen Autoren erwähnt auch
Amalricus Col. 97, dass Clemens V. bei einem Unfall nach
seiner Krönung einen Rubin aus seiner Krone verloren habe.
Während sich die übrigen Autoren um das Schicksal dieses
Steines nicht mehr kümmern, und Tolomeo erzählt, dass er
später wiedergefunden wurde (Col. 24), behauptet Almaricus,
von einem fabulösen, dunklen „on dit" belehrt, das inter-
essantere Gegenteil. Wie Tolomeo und Bernard schreibt
Amalricus auch über den Diffamierungsprozess Bonifaz VIII.
und wiederholt da einfach mit einigen Ausschmückungen
das von Bernard Erzählte, Amalricus aber fügt noch die
sensationelle Neuigkeit dazu, dass während der Verhandlungen
vor Clemens V. Nogaret mit einer Rotte Bewaffneter auf der
einen Seite und ein Kardinal als Verteidiger des verdächtigen
Bonifaz auf der andern Seite ebenfalls mit einer Gefolgschaft
von Kriegern kampfbereit im Consistorium des Papstes sich
gegenüberstanden. Andere Aufsehen erregende oder pikante
Einzelheiten aus der Schilderung des Templerprozesses bringt
Schottmueller bei. Umsomehr muss es befremden, dass
dieser ohne die Annahme einer dritten gemeinschaftlichen
Quelle für Amalricus und Bernard nicht glaubt·auskommen
zu können. Eine Begründung für diese Behauptung giebt
er nicht, sondern bemerkt nur erläuternd, es komme vor,
dass Amalricus einerseits vielfach mit Bernard übereinstimme,

und andererseits Dinge, die an sich zweifelhaft oder zwei-
deutig seien, mehr ausschmücke, wie es ihm, der viel später
gelebt und um das Jahr 1350 geschrieben hat, gut schien;
dabei verwebe er in seine Darstellung, um seine Vita
interessanter zu gestalten, die im Volke damals kursierenden
Sagen und Legenden. Diese Ausführungen, welche allein
in Schottmuellers Darlegung als Argument für seine Hypothese
von der dritten gemeinschaftlichen Quelle gelten könnten,
sprechen doch gerade für die Auffassung Lindners, der den
Verfasser fast ausschliesslich Bernards Vita ausschreiben und
diese nur mit gelegentlichen Zusätzen ausschmücken lässt.
Zur Annahme einer dritten, schriftlichen Originalquelle würde
man doch nur genötigt sein, wenn Amalricus ausser dem
von Bernard Gebotenen bei unverkennbarer Abhängigkeit
von dessen Vita auch noch Thatsachen berichtete, deren
Kenntnis auch Bernard durch irgend eine Andeutung verriete.
Das trifft aber nicht zu. Daher sind wir nur zu der Folgerung
berechtigt, dass Amalricus neben Bernard noch andere
Quellen benutzt habe. Und als diese zweite Quelle nennt
Schottmueller selbst den anekdotenfrohen Volksmund. Die
von Amalricus mitgeteilten Anekdoten und Legenden, die
so wenig beglaubigt werden, können auch unmöglich in der
von Schottmueller angenommenen gemeinsamen Quelle
Platz gefunden haben, deren Verfasser in der Ueberlieferung
der anderen geschichtlich auch sonst bezeugten und von
Bernard und Amalricus gemeinsam berichteten Nachrichten
soviel Urteilskraft und Gewissenhaftigkeit an den Tag legt.
Als eine solche Legende müssen wir auch die viel um-
strittene Erzählung über die sogen. „Verräter des Ordens"
bezeichnen. Der Inhalt derselben ist kurz folgender: Ein
Bürger aus Beziers, Squin de Floryan, habe, wegen eines
schweren Verbrechens zum Tode verurteilt, auf dem Schlosse
der Senechaussee Toulouse die Haft mit einem ebenfalls
zum Tode verurteilten Templer geteilt. An der Rettung
ihres Lebens verzweifelnd und von Gewissensbissen gepeinigt,

hätten sich Beide ihre Sünden gebeichtet, und der Templer eine Reihe horrender Verbrechen erzählt, die er bei seiner Aufnahme in den Orden aufgrund des bei den Templern allgemein geltenden Aufnahmeritus habe begehen müssen. Diese wertvollen Mitteilungen habe sein Mitgefangener, der Bürger Squin aus Beziers geschickt ausgebeutet, indem er dem Könige das Material, das er über den Templerorden von seinem Leidensgefährten erhalten hatte, anbot, wenn beiden Befreiung garantiert werde. Dieses Ereignis habe den ersten Anstoss zur Verhaftung der Templer gegeben. Von Schottmueller wird in dem oben citierten Werke (S. 720—31) die Glaubwürdigkeit dieser Erzählung mit sehr eingehender Begründung bestritten, während sie Prutz, der nach Schottmueller schrieb und sein Werk bereits benutzte, in seinem Werke: „Entwickelung und Untergang des Tempelherrenordens" S. 743—45 mit lebhafter Polemik gegen Schottmueller verteidigt. Wenn man sich auch mit der Beweisführung Schottmuellers nicht in allen ihren Einzelheiten befreunden kann, — Prutz weist auf die Schwächen und Blössen derselben mit scharfem und bitterem Sarkasmus hin — so wird doch das Ergebnis derselben durch die von Prutz dagegen geltend gemachten Argumente nicht im mindesten erschüttert. Prutz legt auf den Zettel, den Ponsard di Gisi, der Präzeptor von Pains, am 11. November 1309 bei einem Verhör der päpstlichen Commission vorlegte, zu grosses Gewicht; dieser Zettel soll die Originalquelle für die Erzählung des Amalricus sein: „in qua erant scripta nomina quorumdam, „quos dicebat esse inimicos ordinis antedicti. Cuius cedule „tenor talis est: Ces sont les treytour, li quel ont propos „éfauseté et delauté contra este de la religion deu Temple: „Guillalmes Roberts moynes, qui les mitoyet à geine, „Esquins de Floyrac de Biteris, cumprior de Montfoucon, „Bernardus Peleti primo de Maso de Genois et Geraves de „Boyzol cehalier, veneus à Gisors"; Prutz übersetzt diese Stelle mit: „Verräter d. i. Ankläger, Denunzianten des Ordens, welche falsche und illoyale Dinge gegen denselben vorbrachten, sind Wilhelm Imbert der Mönch, — der bekannte Inquisitor von Frankreich —- der sie foltern liess, Esquins von Floyrac u. s. w." Schottmueller aber vergleicht jene schriftliche Auslassung des Ponsard, in welcher er nur seine unmittelbar zuvor mündlich gemachte Deposition erneuere, mit dieser mündlichen Angabe und behauptet aufgrund dieser Gegenüberstellung „trotz des durch mangelhafte Schreibübung erklärlichen Vorkommens von einigen falsch geschriebenen und einigen schwer verständlichen Wörtern" den völligen Einklang mit dem lateinisch abgefassten Protokoll, demzufolge das Wort: „treytour" nicht „traitre" „Verräter", sondern für „traiteur" gleich „maltraiteur" „Peiniger" oder „Folterer" bedeute; diese Uebersetzung findet Schottmueller durch das vorherstehende „torquebantur" und das folgende: „qui les mitoyet à geine" noch bestätigt; hier wendet Prutz ein, dass sich diese Uebersetzung nicht aus dem allgemeinen Sprachgebrauch rechtfertigen lasse, obwohl er zugeben muss, dass diese Deutung sprachlich möglich sei.[1] Einen zweiten Vorwurf erhebt Prutz gegen Schottmueller, weil er glaubt, dass jene Notiz von Esquins de Floyrac u. d. a. als Mitgliedern des Templerordens spreche; in jener Bemerkung stehe keine Silbe davon, dass die genannten Männer Mitglieder des Ordens gewesen seien; da sich Prutz bei dem ersten Einwande auf den allgemeinen Sprachgebrauch beruft, so sei bei seinem zweiten Einwande ebenfalls darauf hingewiesen, dass man nach dem allgemeinen Sprachgebrauch unter „Verrätern des Ordens" Ankläger, Denunzianten eines Ordens versteht, welche ihm selbst angehören; wer dem Orden nicht angehört und dessen Verbrechen anzeigt, ist ein Ankläger, aber kein Verräter. Nach diesem praeambulum lässt sich die mangelhafte Beweiskraft jenes Zettels in jedem

---

[1] Auch Gmelin nennt in „Schuld oder Unschuld des Templerordens" S. 265 die Erklärung Schottmuellers „treytours" gleich „maltraiteur" eine glückliche, ohne jedoch auf diese Controverse näher einzugehen.

Falle zeigen, ob man das Wort „traiteur" bezw. „treytour"
mit „Verräter" oder mit „Peiniger" übersetzt. Uebersetzt
man es mit „Verräter", dann ist die Unglaubwürdigkeit
jener Notiz durch den Nachweis Schottmuellers dargethan,
dass jene Männer dem Orden nicht als Mitglieder angehörten
und daher ihn auch nicht „verraten" konnten; übersetzt
man es mit „Peiniger", dann steht diese Notiz mit der
Erzählung des Amalricus in keinem inneren Zusammenhange;
nachdem Schottmueller das Wort „traiteur" im Sinne von
„Folterer" und „Peiniger" verstanden hatte, durfte er allerdings aus jener Stelle nicht mehr die Angabe herauslesen,
dass Esquins de Floyrac u. d. a. Mitglieder des Ordens
gewesen wären. Jedenfalls ist es zu gewagt und zu kühn,
aufgrund eines Zettels, der nur ein Fragment, ein aus dem
Zusammenhange gerissener Bestandteil eines längeren Schriftstückes ist, über dessen Lesung eine Controverse besteht
und dessen Sinn dunkel ist, die Wahrheit einer Erzählung
zu behaupten, obwohl zahlreiche Kriterien der Unwahrscheinlichkeit derselben jener Annahme entgegenstehen.
Bereits Schottmueller macht nämlich darauf aufmerksam, dass
Philipp IV. den mythenhaften „treytour" falls er wirklich
existierte, „sicherlich ebenso wie die anderen gewonnenen
Zeugen mit den 72 zu Poitiers vorgeführten Templern zur
Rechtfertigung seines Verfahrens vor dem Papst und der
Welt mit verwendet haben würde." Dies wäre umso eher
anzunehmen, als er dann nicht (nach Ausweis der im Ur-
kundenteil des Werkes veröffentlichten Protokolle) soviele
geistig beschränkte, unwissende, als Ackerknechte beschäftigte
Templerservienten hätte in die Bresche der Zeugen schieben
müssen. Gegen die Glaubwürdigkeit der Erzählung des
Amalricus spricht ferner die liederliche Sprache des jene
Erzählung enthaltenden Abschnittes im Gegensatz zu der
sonst gewählten und sorgfältigen Schreibweise im übrigen
Teil der Vita, wofür Schottmueller einige Beispiele angiebt.
Das von ihm als weiterer Gegenbeweis angeführte in der

Vita einzig dastehende Übergehen in die direkte Rede ist nicht zu urgieren, da auch in der von Tolomeo verfassten Vita bei Gelegenheit einer Nachricht über Petrus de Gavaston ein sachlich wenig motivierter Übergang in die direkte Rede vorkommt, ohne dass man deswegen die Glaubwürdigkeit jenes Abschnittes beanstanden könnte. Dazu kommt noch die durch mehrere Beispiele von Schottmueller erhärtete Unzuverlässigkeit des Amalricus für jene Daten und Thatsachen, die er nicht mit Bernard gemeinsam berichtet. Das „ut fertur", mit dem er seine Erzählung einleitet, trägt auch nicht zur Erhöhung der Glaubwürdigkeit derselben bei. Beruhte jene Thatsache auf Wahrheit, dann würde sie sicher auch Johann von St. Victor, dem Verfasser der ersten clementinischen Vita, bekannt geworden sein, der alles Material, was zur Entlastung seines Königs wegen seines Verfahrens in der Templerangelegenheit dienen kann, gewissenhaft in seiner Vita zusammenträgt, von diesem Vorfall aber mit keiner Silbe spricht. Dieses argumentum a silentio, dass jener Bürger aus Beziers in dem Prozess oder sonst von Amtswegen als Zeuge nicht genannt werde, lehnt Prutz mit der Begründung ab, dass die Inquisition den Brauch befolgte, die Angeber den Angeschuldigten nicht namhaft zu machen. Diese Erklärung löst nicht die Schwierigkeiten, welche sich aus dem argumentum a silentio gegen die von Prutz vertretene Hypothese ergeben; denn wenn auch den Angeschuldigten die Namen der Angeber nicht genannt wurden, so hätten sie doch der obersten richterlichen Instanz, dem Papst, mitgeteilt werden müssen; in der zwischen Philipp IV. und Clemens V. darüber gepflogenen Korrespondenz fehlt aber jede diesbezügliche Andeutung; und wenn die Namen der Ankläger auch dem Papst vorenthalten wurden, wie gelangte dann Amalricus in den Besitz dieser Kenntnis? Ein amtliches Schriftstück kann ihm darüber nicht vorgelegen haben; denn sonst würde er seinen Bericht nicht mit einem schüchternen oder vorsichtigen „ut fertur" eingeleitet haben.

Und selbst wenn die Namen der Angeber verschwiegen zu
werden pflegten (nach Prutz bezw. Limburch, Hist. inquis.
S. 293), so folgt daraus noch nicht, dass auch die Thatsache der Anzeige geheim gehalten werden musste.
Aber auch über eine solche Anzeige wissen zeitgenössische
Autoren, welche diesen Umstand bei ihrer notorischen Tendenz
sehr gut zur Rechtfertigung des Verfahrens Philipp IV. gegenüber den Templern hätten ausnutzen können, nichts zu
berichten; es sei dabei wiederum auf Johann von St. Victor
verwiesen, der auch von einer derartigen Anzeige nichts ver-
lauten lässt. Weiter bemerkt Prutz in seiner Polemik gegen
Schottmueller (S. 245): „Schrieb Amalrich Augier auch erst
gegen die Mitte des 14. Jahrhunderts, so fällt doch für seine
Angabe auch noch das ins Gewicht, dass er selbst aus
Beziers stammte, also gewiss einer alten lokalen Tradition
folgte, wenn er zum Miturheber der Katastrophe des Ordens
einen Landsmann machte." Es ist jedoch bekannt, dass
„Traditionen" und speziell solche „lokaler" Natur die am
wenigsten zuverlässigsten Quellen der Geschichtswissenschaft
sind, und sie fallen umso weniger ins Gewicht, da sie hier
nicht eine andere, halbwegs beglaubigte Quelle unterstützen,
sondern sogar jede andere Quelle ersetzen sollen. Dabei
ist wohl zu beachten, dass es sich hier um die sog.
mündlichen Traditionen handelt, deren Träger die sensations-
lustige Fama, das Volk ist; die lokale Natur dieser
Tradition vermehrt schon deshalb nicht die Zuverlässigkeit
der Nachricht, weil sie ja demselben Vorurteil entspringt,
von dem die Erzählung des Amalrich diktiert ist: von über-
triebenem Lokalpatriotismus. Das Ergebnis unserer Untersuchung lautet also, kurz zusammengefasst: Die Erzählung
von dem Bürger Squin aus Beziers findet sich zuerst bei
einem Autor, der ca. 40 Jahre nach den von ihm gemeldeten
Ereignissen lebte; von ihm haben Villani u. a. diese Erzählung entlehnt. Der Vita selbst ist aber in den meisten
Punkten, in welchen sie nicht ihrem Gewährsmann Bernard

folgt, soweit sie sich an anderen zeitgenössischen Quellen prüfen lassen, eine grosse Unzuverlässigkeit nachzuweisen. Jene Erzählung wird ebenfalls von ihm allein berichtet und kann somit wenig Ansprüche auf Glaubwürdigkeit erheben. In einem solchen Falle ist nach Bernheim das argumentum a silentio von hoher Bedeutung; nun erwähnen zeitgenössische Autoren, selbst solche, die derselben Parteirichtung dienen, wie unser Autor (z. B. Johann von St. Victor), jenen Vorfall mit keinem Wort; endlich krankt die Erzählung an innerer Unwahrscheinlichkeit und ist deshalb aus dem Gebiet des quellenkritisch brauchbaren Materials zu verbannen. Und so verliert die von Amalricus Augerii verfasste Vita Clemens V. als Geschichtsquelle jeden Wert, da das, was sie an Thatsächlichem bietet, uns bereits unmittelbarer aus der Vita Bernards von Guy bekannt ist, während das, was sie an Neuem überliefert, nicht als zuverlässig und historisch hingenommen werden darf.

§ 5. Die 5. balutianische Vita.
(Der venetianische Anonymus.)

Wie die letztgenannte, so wird auch die dem anonymen Venetianer zugeschriebene Vita Clemens V. aus dem Quellenschatz des Bernard von Guy gespeist. Schottmueller nannte dieselbe, jedenfalls weil ihm D. Koenigs „Ptolomaeus von Lucca" u. s. w. entgangen ist, wegen der knappen, präzisen Nachrichten eine sehr wertvolle Quelle; wenn er diesen „präzisen, knappen" Nachrichtencomplex einmal mit der Vita Clemens V. von Bernard verglichen hätte, dann wäre ihr Wert wahrscheinlich auch in seinen Augen sehr zusammengeschrumpft. Wir erheben zunächst die Frage: Wer ist jener Anonymus? Baluze lässt ihn aus Venedig stammen. D. Koenig spricht die sehr begründete Vermutung aus, dass ihn jener nur deshalb den Venetianern zugerechnet habe, weil er zum Jahre 1309 (Col. 85) die Nachricht brachte, dass die Venetianer mit Karl von Valois wegen der projektierten

Eroberung des byzantinischen Reiches eine Vereinbarung getroffen hatten. Demgegenüber weist D. Koenig mit Recht darauf hin, dass diese Nachricht auch in der Kirchengeschichte des Ptolomaeus von Lucca [1]) sich finde, und doch ist dieser kein Venetianer. Auch verdient hervorgehoben zu werden, dass dieser sogar spezifisch venetianische Angelegenheiten, die unter den Pontifikat Clemens V. fallen und von Ptolomaeus gemeldet werden, wie den Conflict der Republik Venedig mit der Kurie mit Stillschweigen übergeht. Sehr annehmbar klingt auch die von D. Koenig in dem oben citierten Werke[2]) gegebene Erklärung für die Thatsache, dass Baluze jene Vita einem Venetianer zuschreibt, obwohl sich aus dem Inhalt derselben für diese Autorschaft keine Berechtigung ableiten lässt. Er sagt nämlich an jener Stelle: Möglicherweise hat Baluze das Manuskript einem Anonymus Venetus zugewiesen, da in der Vita Johann XXII. (Col. 172) am Rande bemerkt steht, dass dieser Venetus adulator mit Absicht den Papst so weiss gewaschen habe, um den Purpur zu erlangen. Doch habe der Commentator vielleicht nur deshalb den Autor einen Venetus genannt, weil kriecherische Schmeichelei als ein Nationallaster der Venetianer galt, ohne die Frage beantworten zu wollen, aus welchem Lande der Autor stamme. So ist wohl die betreffende Anmerkung zu verstehen. Nun, sprachliche Rücksichten stehen einer solchen Erklärung nicht entgegen. Aus den Darlegungen D. Koenigs lässt sich schliesslich noch folgende Erklärung kombinieren: Wie Koenig selbst auf S. 51 ausführt, stimmt die Vita Clemens V. und der Abschnitt über Heinrich VII. in der Fortsetzung der Kirchengeschichte von Bernard mit der Chronik des sog. Jordan überein; wie aber H. Simonsfeld[3]) darlegt, hat dieser Jordan gar nicht existiert, und sein Werk ist dem Bischof Paulinus, einem geborenen Venetianer und

---

[1]) Muratori XI. Col. 1205.
[2]) S. 66 Anm. 1.
[3]) Forschungen zur deutschen Geschichte Bd. 15. S 145—153.

Pönitentiar P. Johanns XXII. in Avignon zuzuschreiben.
Nun hat Baluze in irgend einem jetzt verloren gegangenen
bezw. noch nicht entdeckten Codex[1]) in der Fortsetzung
der Kirchengeschichte des Tolomeo, deren Zugehörigkeit
zur tolomeischen Hist. eccl. ihm nicht bekannt war, die
dem Venetus anonymus zugeschriebene, thatsächlich aber
von Bernard verfasste Vita Clemens V. gefunden; da ihm
die Aehnlichkeit derselben mit der in der Chronik des Jordan
enthaltenen Vita auffiel, vermutete er in jener das Plagiat
einer von dem Venetianer Paulinus verfassten Vita Clementis
und schrieb sie deshalb „cuidam Veneto coetaneo" zu.
Wenn nun auch die Entstehung des Irrtums, dass Venetus
anonymus jene Vita verfasst habe, zweifelhaft ist, so steht
doch nach der Untersuchung D. Koenigs[2]) fest, dass es ein
Irrtum war; ignorantia modi non tollit certitudinem facti,
d. h. jene Vita ist ebenfalls ein Werk des Bernardus Guidonis,
nämlich ein Bruchstück aus der Fortsetzung der Kirchengeschichte des Tolomeo. Da Bernard in der Fortsetzung
der Kirchengeschichte seine Flores chronicorum, die Kaisergeschichte des Mussatus und seinen libellus de imperatoribus
Romanis excerpiert hat, so haben diese mithin auch als
Quellen für die fünfte balutianische Vita Clemens V. zu
gelten. Der quellenkritische Wert dieser Vita aber deckt
sich mit dem der vierten balutianischen und offiziell Bernardus Guidonis zugeschriebenen Vita Clemens V., welch
letztere noch den Vorzug grösserer Ausführlichkeit hat.

§ 6. Die erste balutianische Vita.
(Joh. von St. Victor.)

1. Im Vergleich zu Ptolomaeus von Lucca, Bernardus
Guidonis und Amalricus Augerii ist der Verfasser der ersten

[1]) Nach D. Koenig hat Jordan bezw. Paulinus die Fortsetzung der
Kirchengeschichte von Bernard nicht in der Fassung, wie sie uns heute
im Ambros. Cod. vorliegt, sondern in einer grösseren, sonst vorläufig nicht
bekannten Redaktion benutzt.
[2]) S. 58 und 68—70.

balutianischen Vita, der Kanoniker Joh. von St. Victor, in quellenkritischer Hinsicht von den Forschern am meisten vernachlässigt worden. Soweit sich die einschlägige Litteratur übersehen lässt, widmet ihm nur Schottmueller[1]) eine nur eine Seite umfassende Besprechung, die jedoch jeder systematischen Anordnung entbehrt. Gelegentlich wird er nur noch von Potthast und Lindner erwähnt, die beide auf den quellenkritischen Wert seiner Viten nicht eingehen. Diese Lücke in der betreffenden Litteratur ist umso auffallender, als die Vita Clemens V. von Joh. von St. Victor von den Historikern, welche die in seiner Vita dargestellte Zeit behandeln, bes. von Prutz[2]), Schottmueller[3]) und Holtzmann[4]) häufig benutzt wird, und bei Prutz wiederholt wichtiges Beweismaterial liefern muss.

2. Wir werden die Untersuchung des quellenkritischen Wertes dieser Vita mit der Ermittelung der Entstehungszeit der Vita eröffnen. Ein Anknüpfungspunkt zur Bestimmung des terminus a quo scheint uns auf Col. 19 gegeben zu sein. Dort bemerkt nämlich Joh. von St. Victor am Schluss seiner Darstellung des Minoritenschismas: „Nec tamen ratione „illius constitutionis potuit illud schisma exstirpari usque „ad tempus Joannis Papae XXII." Da die Beseitigung des Schismas erst nach Erlass der Bulle: „Gloriosam ecclesiam" vom 23. Januar 1318 erfolgte, läge es nahe, das Jahr 1318 als terminus post quem anzunehmen. Nun deuten aber eine grosse Anzahl der von der Vita überlieferten Ereignisse darauf hin, dass der Verfasser derselben nicht 10—12 Jahre nach den geschilderten Ereignissen, was aus der Festhaltung des Jahres 1318 als terminus post quem sich ergäbe, sondern vielmehr

---

[1]) Schottmueller, „Untergang des Templerordens", Bd 1 S. 674.

[2]) Prutz, „Entwickelung und Untergang des Templerordens".

[3]) In dem oben angeführten Werke über denselben Gegenstand.

[4]) Holtzmann, „Wilh. von Nogaret, Rat und Grosssiegelbewahrer Philipps des Schönen von Frankreich".

unter dem unmittelbaren Eindruck des Erlebten, seine Berichte
aufgezeichnet hat. So berichtet die Vita Col. 3 von einer
aussergewöhnlichen Dürre und Trockenheit in Frankreich,
die einen grossen Wassermangel zur Folge gehabt hätten.
Auf Col. 5 widmet sie dem i. J. 1306 am Trinitatissonntage
zu Paris verstorbenen Bischof Petrus de Morneio einen verhältnismässig langen Nekrolog. Dasselbe geschieht, nur mit
der Ausnahme, dass hier das genaue Datum fehlt, Col. 7
bei dem in demselben Jahre verschiedenen Magister Bert-
holdus, episcopus Aurelianensis. Auch Col. 8, 14, 15, 16, 18
werden Todesfälle, Translationen und Consekrationen von
zeitgenössischen Bischöfen registriert. Der Bericht auf Col.
14 möge als typisches Beispiel für die Art, wie umständlich
und ausführlich der Verfasser ganz unwichtige Standesver-
änderungen mitteilt, wörtlich folgen: „Magister Petrus de
„Gressibus quondam Cantor Parisiensis, vir nobilis genere,
„et in utroque iure peritus, frater scilicet Joannis de Gressibus
„Militis Franciae Marescalli, Campaniae Briaeque Cancellarius
„et Novarrae, in festo sancti Thomae Apostoli a Guillelmo
„Parisiensi Episcopo fit sacerdos apud montem Lethericum
„et postea Dominica prima Januarii, videlicet in vigilia
„Epiphaniae, cum honore Parisius est in Episcopum Antissio-
„dorensem consecratus; illaque die fecit convivium festivum
„et solemne apud Fratres Minores.“ Sehr ins Einzelne geht
auch das 1½ Columnen umfassende Referat über ein Fest
Philipps IV.[1]), an welchem drei Söhne desselben zu Rittern
geschlagen wurden. Wenn auch dieses Ereignis imposant
genug gewesen sein mag, dass ein patriotischer Chronist
seiner auch noch nach einem längeren Zwischenraume rühmend
gedachte, so darf doch wohl als ausgeschlossen betrachtet
werden, dass sich auch die Details dieses Festes, wie sie
die minutiöse Darstellung der Vita bietet, längere Zeit in
der Erinnerung der Nachwelt erhalten haben sollten. Am

---

[1]) Bal. Vitae Pap. Aven. Col. 19—21.

Schluss dieses Berichts erzählt der Verfasser, dass in einer
Nacht darauf ein Brand in der Garderobe des englischen
Königspaares ausgebrochen sei, der viel Hausgerät zerstörte;
der König und die Königin hätten wenig mehr als das nackte
Leben retten können. Auch der Umstand, dass die Vita
gewisse Ereignisse wie die Entwickelung der Templerangelegenheit, die Römerzüge Heinrich VII. u. a., welche
sie nach dem Jahre 1318 hätte zusammenhängend erzählen
können, ohne die annalistische Ordnung wesentlich zu stören,
nicht zusammenhängend erzählt hat, spricht gegen die Annahme des Jahres 1318 als terminus post quem der Vita.
Wenn man auch jeder einzelnen dieser Nachrichten nicht
das Gewicht beilegt, die Beweiskraft der oben angeführten
Notiz, betreffend das Schisma der Minoriten, aufzuheben,
so wird man doch dieser Fülle von derartigen Nachrichten,
die übrigens noch lange nicht erschöpft ist, den Wert eines
vollwichtigen Beweisgrundes für die Annahme einer mit den
Ereignissen gleichzeitigen Abfassung der Vita nicht bestreiten
können. In diesem Falle hätte jene Bemerkung als eine
Interpolation zu gelten, wie sie bei mittelalterlichen Chronisten
häufiger vorkommen. Am leichtesten liesse sich die Richtigkeit
dieser Annahme bei der Durchsicht einer Handschrift prüfen.
Da diese aber nicht erreichbar ist, so wäre zu untersuchen,
ob durch die Fortlassung jener Notiz der Zusammenhang
litte. Dabei ist zunächst hervorzuheben, dass sie den Schluss
eines Abschnittes bildet, wodurch bewiesen wird, dass eine
solche Interpolation leicht möglich war. Aber auch der
innere Zusammenhang steht einer Fortlassung jener Stelle
nicht entgegen. In jenem Abschnitt berichtet nämlich der
Verfasser, dass Clemens V. auf dem Conzil von Vienne eine
Constitution über die Regel der Minoriten zur Beseitigung
des zwischen ihnen entstandenen Schismas erlassen habe.
Darauf sucht er das Verhalten der schismatisierenden
Minoriten aus ihrer eigenen Verteidigung zu motivieren und
schliesst an diese Begründung an: „Alii autem vocabant eos

„Sarabaitas et excommunicatos, qui tamen a populo dicebantur
„spirituales et tantum in provincia Narbonensi praevaluerunt,
„quod de conventu Narbonensi et Biterensi alios expulerunt,
„populo favente eis". In dieser letzten Partie weist Joh.
von St. Viktor auf den Einfluss hin, welche jene Minoriten
trotz ihrer Charakterisierung durch die „alii" auf das Volk
erlangt hatten; dieser Einfluss sei in der Provinz Narbonne
und Beziers so stark geworden, dass sie ihre Gegner durch
die Unterstützung des Volkes hätten aus dem Convent
vertreiben können. Ganz unlogisch schliesst sich daran die
Bemerkung: „Nec tamen ratione illius constitutionis potuit
„illud schisma exstirpari usque ad tempus Joannis Papae XXII."
Der logische Gedankenfortschritt forderte hier: „Et propterea
ratione. . ." Hätte Johann diesen Abschnitt in einem Zuge
niedergeschrieben, dann wäre ihm dieser Fehler kaum vorgekommen; diese Stelle erscheint somit, schon für sich
allein betrachtet, verdächtig und später eingeschaltet. Ein
Bedenken gegen die mit den Ereignissen gleichzeitige
Abfassung der Vita könnte man vielleicht noch aus dem
Schluss des Referats über den gegen den Bischof Richard
von Troyes geführten Prozess[1]) herleiten. Dort erzählt
nämlich Joh., dass dieser Bischof in schimpflicher Haft
gehalten wurde und „longoque tempore reservatus." Nun
starb der Bischof aber bereits am 22. Januar 1317[2]). Hätte
also unser Verfasser die Vita erst 1318 verfasst, dann hätte
er auch den Tod Richards erwähnen müssen, dessen Lebensschicksale er ja sehr ausführlich erzählt. Auch von der
unerwarteten und plötzlichen Freilassung Richards im April
1313[3]) weiss er nichts zu berichten. Jene Bemerkung kann
also spätestens im Anfange des Jahres 1313 niedergeschrieben
worden sein; und da sie von einem „longum tempus" spricht,
wird sie auch erst in diesem Jahre, 5 Jahre nach der

[1]) Bal. Vit Pap. Aven Col. 14.
[2]) Rigault, le procès de Guichard, évêque de Troyes, pag. 225, 5.
[3]) Rigault, le procès de Guichard, évêque de Troyes, p. 224.

Verhaftung Richards, als man seine bevorstehende Freilassung in den Kreisen Uneingeweihter noch nicht voraussehen konnte, erfolgt sein. Übrigens bilden jene Worte den Schluss eines Abschnittes, der auch ohne sie ein geschlossenes Ganze wäre, und können sie wohl auch nachträglich bei einer Durchsicht der Vita von dem Verfasser eingeflickt worden sein. So hat uns also der Gang der Untersuchung zu dem Resultat geführt: Johann von St. Victor hat die ihm zugeschriebene Vita gleichzeitig mit den von ihr berichteten Ereignissen, also von 1305—14 niedergeschrieben und später[1]) mit ergänzenden Zusätzen versehen.

Dass die Vita in Paris entstanden sein muss, könnten wir, wenn uns die Überschrift: „Auctore Joanne Canonico sancti Victoris Parisiensis" nicht bereits darüber belehrte, aus den Lokalnachrichten auf Col. 4, 5, 14 (2 Berichte), 19, 21 sowie aus dem Umstande schliessen, dass sich der Verfasser über die Familienverhältnisse Philipps IV. auf das genaueste informiert erweist.

2. Über die Person des Verfassers war nicht mehr zu ermitteln, als dass er Canonicus von St. Victor in Paris gewesen und im Jahre 1351 gestorben ist. Seine Werke wurden nach Potthast von einem Unbekannten, in französischer Sprache, fortgesetzt. Eine nähere Untersuchung der Vita selbst soll die Bedeutung derselben für die Geschichte der von ihr geschilderten Zeit hervorheben. Dabei wird die Richtigkeit seiner Angaben durch Vergleichung mit anderen unanfechtbaren zeitgenössischen Zeugnissen geprüft und im Zusammenhange damit die Frage erörtert werden müssen, welcher politischen Partei der Verfasser angehörte, und aus welchen Quellen er seine Angaben schöpfte.

3. Bereits Schottmueller weist dem Verfasser dieser Vita mehrere Zeitangaben nach, die mit verschiedenen von unanfechtbaren Urkunden beglaubigten Thatsachen in offen-

---

[1]) Bal. Vit. Pap Aven. Col. 19 u. a.

barem Widerspruch stehen. So sind ihm auf Col. 5 und 6 drei Anachronismen ausgerechnet worden; thatsächlich finden sich auf den beiden Col. fünf unrichtige Zeitangaben. Col. 5 lässt Joh. von St. Victor den Papst bereits 1306 in Poitiers eintreffen, während Clemens nach Ausweis der Regesten[1]) dort erst im Mai 1307 ankam. In demselben Abschnitt berichtet er, dass die beiden Grossmeister des Johanniter- und Templerordens vom Papste im Jahre 1306 von Poitiers aus nach dem Abendlande zurückberufen worden seien, während die Regesten[2]) aussagen, dass dies am 6. Juni 1306 von Bordeaux aus geschah. Schottmueller rechnet der Vita bei dieser Gelegenheit einen Fehler zuviel nach; denn diese sagt nicht, dass die Zurückberufung der Grossmeister im Jahre 1307 erfolgte, sondern giebt richtig als Datum derselben das Jahr 1306 an; nur die betreffende Ortsangabe ist falsch. Auch das Datum des Todesjahres Eduards I., Königs von England, ist dort fälschlich mit dem Jahre 1306 angegeben; denn Eduard starb am 7. Juli 1307; auch erfolgte sein Tod nicht in seinem 80., sondern 68. Lebensjahre, und nicht im 36., sondern 35. Jahre seiner Regierung. Col. 14 enthält die unrichtige Angabe, dass Heinrich von Luxemburg erst im Jahre 1309 Albrecht I. auf dem deutschen Königsthrone nachfolgte, während er bekanntlich bereits 1308 zu dessen Nachfolger gewählt wurde. Auch Karl II. von Sicilien starb nicht, wie Col. 15 erzählt, im 21., sondern 24. Jahre seiner Regierung. Col. 18 macht sich Johann von St. Victor des Anachronismus schuldig, dass er Heinrich VII. bereits 1311, also ein Jahr zu früh, in Rom eintreffen lässt. Dieser stattlichen Blütenlese chronologischer Unrichtigkeiten und Ungenauigkeiten kann noch eine Reihe unzutreffender Berichte von Thatsachen und Ereignissen an die Seite gestellt werden.

[1]) Reg. Clem V, Bd. 2. 3, Coll. 13—17 ff.

[2]) Reg. Clem. V, Bd 1 Col. 190.

4. Zugleich mit der Feststellung dieser Unrichtigkeiten
soll auch der Nachweis geführt werden, dass jene Berichte meist
dazu dienen, einerseits die Politik Philipps IV. in ein möglichst
vorteilhaftes Licht zu rücken, andererseits die Politik Clemens V.
herabsusetzen und zu verdächtigen. Es soll ferner dargethan
werden, dass die Erwähnung gewisser Ereignisse und die
Verschweigung anderer nur durch die lebhafte Parteinahme
des Verfassers für Philipp IV. erklärt werden kann.

5. So schildert uns Johann von St. Victor das Ergebnis
einer Untersuchung im Templerprozess[1]) und behauptet an
dieser Stelle, dass der Grossmeister des Templerordens alle
dem Orden zur Last gelegten Anklagepunkte als begründet
zugegeben habe und zwar in ihrem ganzen Umfange. Wenn
dieser Bericht schon darum einen sehr bescheidenen Anspruch
auf Glaubwürdigkeit erheben darf, weil die anderen Viten,
selbst die des Amalricus Augerii, von einem so umfassenden
Geständnis des Grossmeisters nichts zu erzählen wissen, so
verflüchtigt sich seine Glaubwürdigkeit vollständig, wenn man
jenem Bericht den Inhalt der vom 12. August 1308 datierten
Bulle: „Regnans in coelis" gegenüberstellt. Diesem Zeugnis ist
umsomehr Bedeutung beizumessen, als diese Bulle eine für den
Orden ungünstige Entscheidung fällt. Es ist nicht anzunehmen,
dass sich der Papst bei der Abfassung eines solchen Akten-
stückes, das in geschickter Weise alles, den Orden belastende
Material zusammenstellt, ein so bedeutsames Moment, wie
das vollständige Geständnis des Grossmeisters hätte entgehen
lassen, wenn es thatsächlich vorgelegen hätte. An der betreffenden Stelle[2]) weiss die Bulle nur zu berichten, dass bei einem
Verhör der Grossmeister und Präzeptoren von Frankreich,
Aquitanien, Normannien, Poitiers u. a., dem auch seine
Cardinäle beiwohnten, die einen diesen, die anderen jenen
der schuldgegebenen Anklagepunkte bekannt hätten. Aus
den Bekenntnissen, Aussagen und Berichten habe der Papst

---

1) Bal Vit Pap. Aven. Col. 10.
2) Regestum Clem. V. tom. III Col. 287.

ersehen, dass der Grossmeister und die Ordensbrüder, die
einen in mehr, die anderen in weniger Punkten sich schwer
vergangen. Es folgt daraus, dass die von Johann von
St. Victor gegebene Darstellung an dieser Stelle zu Gunsten
Philipps IV. übertrieben hat. Das Verfahren dieses Königs
in der Angelegenheit der Templer sucht Johann auch durch
die Bemerkung zu rechtfertigen, dass die Verhaftung der
Templer „curia Romana hoc ordinante" erfolgt sei. Wenn man
schon die entgegen lautenden Zeugnisse anderer Viten nicht
gelten lassen will, teils weil sich aus ihnen nur ein argumentum a silentio ableiten lässt, teils weil sie einen weniger
königfreundlichen Standpunkt einnehmen als Johann von
St. Victor, so sind doch zeitgenössische Aktenstücke, die Briefe
Clemens V. an Philipp, nicht gut zu verwerfen. Das beweis-
kräftigste Dokument ist in dieser Angelegenheit ein Brief
des Papstes an Philipp IV. vom 27. October 1307, den das
erste Mal Boutaric[1]) veröffentlichte. Schottmueller[2]) hat diesen
Brief wörtlich, allerdings in deutscher Übersetzung abgedruckt.
Der Vollständigkeit halber sei auch die entsprechende Stelle
in der zweiten Vita Col. 29 als Argument gegen die
Behauptung Joh. von St. Victor hier angeführt. Als Wilhelm
von Plasian in Poitiers vor dem Papst über die Templerangelegenheit berichtet, soll der Papst die Antwort erteilt
haben: „quod super hoc satis audiverat querelam gravem, sed
„mirabatur quod tale negotium sine eius consultatione sic
„fuerat inchoatum ac etiam ventilatum, haberet tamen
„consilium cum suis fratribus et super praedictis provideret
„prout melius posset. Et quamvis dictus Miles regem
„excusaret quod per Inquisitorem fecisset haereticae
„pravitatis, non tamen hoc acceptavit summus
„pontifex, quod sine consultatione dictae sedis
„tantem negotium assumpsisset."

---

[1]) Revue des quest. hist. X 333.
[2]) 2. Bd. seines bereits öfter citierten Werkes S. 146.

Dabei bleibt freilich bestehen, dass Clemens V. in der
Erkenntnis, dass sein Widerstand in der Templerfrage an
der eisernen Entschlossenheit Philipps IV. scheitern müsse,
aus der nun einmal unvermeidlichen Situation den grösst-
möglichen Nutzen ziehen wollte, dass er, um uns eines Bildes
zu bedienen, als der Stein erst im Rollen begriffen war, seinen
Fall noch beschleunigen half, weil er sich zu ohnmächtig
fühlte, ihn aufzuhalten, und weil er den Schein vermeiden
wollte, dass er sich wider seinen Willen von der Höhe des
französischen Königshofes losgelöst habe. Aber niemals hat
der Papst, wie alle übrigen Quellen mehr oder minder aus-
drücklich bezeugen, zu der Vernichtung der Templer die
Initiative ergriffen, wie Joh. von St. Victor im Interesse seines
Königs glauben machen möchte. Die Schilderung der Verhältnisse in Italien und der Römerzüge Heinrich VII. deckt
sich im allgemeinen mit den Angaben der anderen zeitgenössischen Quellen; doch fällt an diesem Abschnitt auf,
dass der Verfasser trotz der eingehendsten und ausführ-
lichsten Schilderung der Entwickelung der italienischen
Angelegenheit und besonders der erbitterten Kämpfe zwischen
Heinrich VII. und Robert von Sicilien in Rom im Jahre 1312
die Kaiserkrönung Heinrich VII. im Lateran verschweigt;
er schliesst seine Darstellung dieser Ereignisse mit der
Bemerkung: „Quibusdam autem mediatoribus intervenientibus
„treugae sunt inter eos confirmatae". (Col. 18.) Diese
Nachricht, welche schon durch die allgemeine Wendung:
„quibusdam autem intervenientibus" befremdet, steht mit
den Thatsachen in Widerspruch. Während es an dieser
Stelle zweifelhaft bleibt, ob der sonst über Italien gut
unterrichtete Verfasser die Geschichte gefälscht oder bona
fide geirrt habe, tragen andere Nachrichten, wie die
„Dicitur a pluribus, quod pro extorquenda pecunia
„concilium fuit factum" (Col. 18) das Kainszeichen
gehässiger Entstellung an der Stirn. Diese Bemerkung
kann sich wohl nur auf ein Schreiben Clemens V. vom

22. April 1312[1]) beziehen, in welchem er eine Anzahl Erzbischöfe, Bischöfe und Äbte an die Zahlung des dem
römischen Stuhle auf dem Conzil von Vienne versprochenen
Zehnten erinnert. Aber dasselbe Schriftstück beweist auch,
dass das „Concilium pro extorquenda pecunia factum" nur
eine gehässige, hämische Verdächtigung ist. Denn wir
erfahren daraus, dass die Prälaten sich dieser Leistung auch
entziehen konnten und sich auch thatsächlich teilweise
entzogen haben. Dass er das odium der Bemerkung auf
anonyme, mysteriöse „plures" abzuwälzen sucht, ist ein zu
durchsichtiger und bekannter Tric, als dass er sich dadurch
gerechtfertigt hätte. Jedenfalls hat er die Bemerkung nicht
in diesen Zusammenhang aufgenommen, um ihr zu widersprechen und sie als ein Beispiel für die Schlechtigkeit
seiner Zeitgenosen anzuführen. Welcher Hass gegen Clemens V.
dem Verfasser auch sonst in der Vita die Feder führte,
erhellt aus folgenden Bemerkungen: Col. 3 berichtet er von
dem Aufenthalt des Papstes in Lyon: „innumerabilem pecu-
niam extorsit." Nachdem er noch hinzugefügt, dass wenigstens
Philipp IV. seine Brüder und die französischen Barone
keinen Grund gehabt hätten, über das Verhalten des Papstes
zu klagen, fährt er fort: „Circa Purificationem idem Dominus
„venit Cluniacum, ubi multa damna fecit. Similiter
„apud Bituricas et Nivernum fecit expensas immoderatas.
„Unde Ecclesiae Franciae coactae facere subsidium plurimum
„sunt gravatae. Postea Burdegalensem urbem adiens, non
„est benigne receptus." Auch der Einwand, dass Johann
von St. Victor diese Thatsachen erwähnen musste, weil
sie eben der Geschichte angehören, vermag ihn nicht
von dem Vorwurf einer parteiischen Darstellung derselben
zu reinigen.[2]) Zwar bezeugen auch die Regesten des

---

[1]) Reg. Clem. V., tom VII. Col. 301.
[2]) Gmelin legt in seinem Werke „Schuld oder Unschuld des Templerordens" S. 77, 294 u. a. O. auf dieses Zeugnis von Joh. von St. Victor
ein grosses Gewicht, das nach seiner Ansicht (S. 294) von sämtlichen

Papstes[1]) seine gewiss übertriebene Neigung, die päpstliche
Schatzkammer zu füllen; diese ist aber noch weit von dem
Blutsaugersystem entfernt, das ihm unser Chronist zur Last
legt.[2]) Auch müsste uns die leidenschaftliche Sprache Johanns,
von der soeben einige Proben gegeben wurden, die Un-
befangenheit seines Urteils gegenüber Clemens V. verdächtig
machen. Wenn nur die lautere Liebe zur Wahrheit und
Gerechtigkeit sein Auge gegenüber Clemens V. schärfte,
warum versagte sie dann bei Philipp IV. und seiner notorischen
Habsucht und Ausbeutung? Col. 5 spricht Johann von der
gewaltsamen Festhaltung des Papstes in Poitiers durch
Philipp IV. in einer Weise, die eine wenig freundschaftliche
Gesinnung für den ersteren verrät: „Tunc Papa et Cardinales
„venerunt Pictavim, ubi longiorem moram, ut dicitur, quam
„voluisset, fecerunt, Rege Francorum et eius complicibus et
„ministris illic eos quasi detinentibus violenter. Nam Papa,
„ut dicitur, sub alterius fictione personae aliquando tentavit
„cum paucis, summariis tamen oneratis argento et auro
„praecedentibus, versus Burdegalam proficisci. Sed a quibus-

Quellen gestützt wird. Dem sei entgegengehalten, dass sämtliche balutianische Viten ausser der von Gmelin citierten, obwohl deren Verfasser
den Papst zum Teil aus unmittelbarer Nähe beobachten konnten und sonst
manches Unangenehme von ihm erwähnen, von diesem Zuge seines
Charakters kein Wort mitteilen. Die Darstellung jenes Chronisten ist also
mindestens stark übertrieben und sein Zeugnis in diesem Punkte nicht
einwandfrei.

¹) Reg. Clem. V. tom. 7, col. 301, tom. 8, col. 272, wo der Kurie
die Einkünfte gewisser Templerbesitzungen reserviert werden, ferner
col 201, 203, 204, 205 und 232 desselben Bandes, wo die Templergüter
auf Majorca von einer Hand in die andere gegeben wurden, allem
Anschein nach nicht ohne gewisse finanzielle Vorteile für die Kurie.

²) Eine beachtenswerte Ergänzung hierzu liefert P. Ehrle in der
Abhandlung „Der Nachlass Clemens' V. und der in Betreff desselben
von Johann XXII geführte Process," in No 4 „Zur Beurteilung Clemens' V.,
seines Testamentes und der Ausführung desselben." (Archiv für Litteratur-
und Kirchengeschichte, Bd. 5. S. 144 u. ff.)

„dam, qui pro Rege erant, agnitus, cum rebus, quas illuc
„volebat transferre compulsus est Pictavim remeare."

Während der Verfasser, wie noch im Folgenden des
Näheren ausgeführt werden soll, die Regierungshandlungen
Philipps IV. mit lebhaften Bezeugungen seines Beifalls zu
begleiten pflegt, verliert er über diese Behandlung des Papstes
kein Wort des Tadels. Eher blickt eine gewisse Schaden-
freude durch die breite Darstellung. Mit dem Vorwurf
schmutzigster Habsucht, den er gegen Clemens V. an
verschiedenen Stellen erhebt, verschont er auch die Umgebung des Papstes nicht; die Vita schliesst, nachdem sie
den Tod des Papstes berichtet, mit den bezeichnenden
Worten: „Gascones autem, qui cum eo steterant, intenti
„circa sarcinas, videbantur de sepultura corporis non
„curare, quia diu remansit insepultum." Diese Thatsache, die sich übrigens nicht einmal durch andere zeitgenössische Zeugnisse bestätigen lässt[1]), dient natürlich
auch zur Diskreditierung des Papstes, der sich zu Lebzeiten
so wenig die Liebe und Dankbarkeit seiner Umgebung zu
gewinnen wusste, dass diese sich mehr um den Nachlass,
als um die Leiche ihres Herrn besorgt zeigten. Angesichts
dieser teilweise recht gehässigen Sprache des Verfassers an
den meisten Stellen, wo Clemens V. irgendwie hervortritt,
wird man auch den Umstand für keinen blossen Zufall
erklären können, dass derselbe bei diesem Papst die Titulatur
auffallend vernachlässigt; während er mit derselben nicht
einmal bei Nogaret, noch weniger aber bei französischen
Bischöfen oder bei den Angehörigen seines Königshauses
kargt, spricht er von Clemens V. schlechthin als vom Papa;
dass er den Päpsten nicht grundsätzlich die Höflichkeitsformeln verweigert, beweist die Vita Johanns XXII., die von

---

[1]) Dass sie Havemann (Gesch. des Ausgangs des Tempelherrenordens S. 296), der sie Hist. crit. et apolog. T. II. entlehnt, gläubig erzählt,
ist wohl auf das grosse Vertrauen zurückzuführen, welches er Joh. v St.
Victor auch sonst schenken zu dürfen glaubt.

demselben Verfasser stammt. In wie überschwenglichen Ausdrücken feiert er dagegen Philipp IV.! Nicht genug damit, dass er alle Heiraten, Todesfälle, Besuche und Festlichkeiten, an welchen das Haus des Königs irgendwie beteiligt ist, mit der Gewissenhaftigkeit eines Standesbeamten oder eines Lokalreporters registriert (es können wenigstens 15 solcher Familiennachrichten in der knapp 22 Columnen umfassenden Vita aufgezählt werden), so verweilt er bei denselben auch mit einem besonderen Wohlwollen und versteht es bei allen diesen Gelegenheiten irgend etwas für den König Schmeichelhaftes hervorzuheben. Die Feste desselben sind stets „maxima et solemnissima" und werden „cum gaudio mirabili", „cum magno festo" oder „solemniter et festive" gefeiert. Mit heller Begeisterung schildert er den Festtag, an dem 3 Söhne Philipps zu Rittern geschlagen wurden. „Non est memoria quod unquam fuerit in Francia tantum festum." Alle Veranstaltungen werden im einzelnen aufgezählt und mit patriotischem Stolze berichtet er am Schluss seiner Darstellung: „Quos videns Rex Angliae obstupuit et omnes sui."[1] Nachdem Philipp „solemniter, ut moris est et decens" zum Könige von Navarra gekrönt worden war, giebt Johann von St. Victor das Bulletin aus, dass er „prospere et gaudenter" nach Frankreich zurückgekehrt sei. (Col. 8.) Col. 7 hält der Verfasser der Vita auch einen Besuch Ludwigs, eines Bruders Philipps IV, in England für erwähnenswert und bemerkt dazu, dass er vom englischen Könige „satis benigne" aufgenommen und von der Königin willkommen geheissen wurde Philipp IV. wurde bei einem Besuch im Jahre 1307 von dem Könige von England und den Grossen des Reiches „cum ingenti gaudio" empfangen.[2] Man ersieht aus den angeführten Beispielen, dass Johann von St. Victor dort, wo er galant sein wollte, auch galant sein konnte. Daher muss die Unterlassung der Höflichkeitsformeln gegenüber

[1] Col. 20 und 21.
[2] Bal. Col. 11.

Clemens V. doch einigermassen befremden. Auch in der Darstellung des Templerprozesses lässt er Philipp eine sehr vorteilhafte Rolle spielen. An anderer Stelle wurde bereits darauf hingewiesen, dass er aus diesem Grunde die Templer „curia Romana hoc ordinante" verhaftet werden lässt. An manchen Stellen applaudiert er der Politik Philipps mit lebhaften Worten. Col. 22 berichtet er von der Berufung eines Reichstages nach Tours, der in der Templerangelegenheit Stellung nehmen sollte. Dazu liefert Johann noch folgenden Commentar: „Intendebat enim Rex sapienter agere. „Et ideo volebat hominum cuiuslibet conditionis regni sui „habere iudicium vel assensum, ne posset in aliquo „reprehendi." Es versteht sich von selbst, dass er in der Beurteilung des Templerprozesses ganz das Mundstück Philipps ist und überhaupt keinen Zweifel an der Schuld der Templer aufkommen lässt. An den Bericht von der Verbrennung von 54 Templern in Paris knüpft er die Bemerkung: „et merito, prout plurimis videbatur." Dass Diejenigen, welche den Orden für schuldig hielten, nicht „plurimi" gewesen sein können, beweist u. a. das Urteil der Väter des Vienner Conzils, welche entschieden, dass die von den französischen Inquisitoren zur Verfügung gestellten Prozessakten zur Verurteilung des Ordens nicht ausreichten, sowie die Aufhebungsbulle Clemens V., welche die Auflösung des Ordens „sine arbitrio" „per modum provisionis" auf administrativem Wege verfügte. Zeitgenössische Autoren, wie Tolomeo von Lucca und Bernard von Guy[1]) äussern ihre Zweifel über die Wahrheit der gegen die Templer erhobenen Anklage ganz offen.[2]) Wäre die Ueberzeugung von ihrer Schuld thatsächlich so weit verbreitet gewesen, als

---

[1]) Auch Gmelin hat, wie er in dem Werke über die Templer (S 202 u 266) hervorhebt aus der Lektüre des Bern G den Eindruck gewonnen, dass dieser sich der unwürdigen Stellung eines Inquisitors im Templerprocesse sehr wohl bewusst geworden ist.

[2]) Bal Vit. Pap Aven. Col. 37, 43, 66.

uns Johann von St. Victor glauben machen will, dann würde
er es nicht für nötig gehalten haben, sein Referat über den
Templerprozess mit einem Advokatenargument für die Schuld
der Templer zu schliessen, dem man übrigens eine gewisse
juristische Schärfe nicht absprechen kann. Er sagt nämlich
Col. 22: „Non est verisimile, quod viri tam nobiles, sicut
„multi inter eos erant, unquam tantam vilitatem recognos-
„cerent, nisi veraciter ita esset." Freilich schrumpft das stolze
Wort vom Mannesmut, den auch die Folter nicht zur „vilitas"
brechen kann, zur rhetorischen Phrase zusammen, wenn
man damit die von Gmelin [1]) entworfene Schilderung der
grauenvollen Martern vergleicht, die gegen die Templer in
diesem Monstre-Prozess zur Anwendung kamen.

6. Wenn an anderer Stelle betont wurde, dass Johann
von St. Victor auch ganz unbedeutende Ereignisse in seine
Vita aufnahm, so muss zu seiner Charakterisierung noch
festgestellt werden, dass er so wichtige und Aufsehen
erregende Thatsachen, wie die Anstrengungen Philipps IV.,
das Andenken Bonifaz VIII. zu diffamieren, gänzlich unter-
schlägt. Da man von dem über die Politik seines Königs
so gut informierten Verfasser schwerlich behaupten wird,
dass ihm diese in zahllosen schriftlichen Erklärungen von
seiten Nogaret's und seiner Gegner diskutierte, in mehreren
feierlichen Consistorien[2]) und endlich sogar auf einem Concil
verhandelte Angelegenheit unbekannt geblieben ist, so darf
man als gewiss annehmen, dass er dieselbe verschwiegen
hat und zwar aus dem sehr naheliegenden Grunde, weil
sein von ihm so hoch verehrter König dabei Fiasko
erlitt und in den diesbezüglichen Verhandlungen durchaus
keine beneidenswerte Rolle spielte. Wenn ein zeitgenössischer
Autor einen Process, der „ein Jahr lang weiteste Kreise
aufgeregt hat",[3]) nicht mit einem einzigen Worte erwähnt,

---

[1]) Gmelin, „Schuld oder Unschuld der Templer", S. 260 ff.
[2]) Holtzmann, „Wilhelm von Nogaret", S. 176—206
[3]) H. Finke, Aus den Tagen Bonifaz VIII., S. 227.

so ist das mindestens sehr auffallend und macht uns die Zuverlässigkeit und Glaubwürdigkeit des Autors höchst verdächtig. — Fassen wir das Ergebnis dieser Untersuchung kurz zusammen, so ist durch zahlreiche Belege nachgewiesen, dass Johann von St. Victor sich bei der Wiedergabe der von ihm erzählten Ereignisse und Verhandlungen meist und zwar zum grossen Nachteil für die historische Wahrheit von seinen persönlichen Empfindungen, Gefühlen und Neigungen beherrschen oder mindestens beeinflussen liess. Auch die verhältnismässig zahlreich auftretenden Fehler in der Chronologie, sowie mehrfache Unrichtigkeiten bei der Ortsangabe müssen das Vertrauen und die Zuverlässigkeit dieses Autors erschüttern oder ganz zu Falle bringen.

7. Doch, vielleicht wird der Wert dieser Vita durch die Analyse der Quellen erhöht. Die Ermittelung der Quellen, denen Joh. von St. Victor das Material für seine Vita Clemens V. entlehnte, bereitet einige Schwierigkeiten, weil dieser selbst in seiner Vita darüber keine Andeutung einfliessen lässt. Dieser Umstand findet dadurch eine ganz natürliche Erklärung, dass der Verfasser für den grössten Teil der Vita gar keine Vorlage benutzt hat. Er erzählt ja meist Ereignisse, die er selbst erlebt, oder die ihm wenigstens von Augen- und Ohrenzeugen berichtet wurden, Ereignisse, die sich meist in Paris selbst abgespielt haben; die Vita ist ja vielfach eine Familienchronik des französischen Königshauses; eine Anzahl anderer Ereignisse haben nur für Paris ein grösseres Interesse. So berichtet er eine Anzahl Todesfälle von Bischöfen und Gelehrten, Tagesberühmtheiten jener Zeit, von einer Judenverfolgung, von Dürre und Trockenheit in Frankreich, von einem Prozess gegen den Ritter de Ulmeto, der in Paris geführt wurde, von Bischofskonsekrationen in Paris, alles das sind Ereignisse, deren Berichterstattung nicht zur Annahme einer besonderen Quelle zwingt. Sein Bericht über den Prozess des Bischofs

Richard von Troyes[1]) beweist in seiner ungenauen und ganz allgemein gehaltenen Fassung, dass Johann sich bei der Aufzeichnung seiner Vita zuweilen auch damit begnügt, die Stimmung der öffentlichen Meinung wiederzugeben. Er gehört zu jenen Zeitgenossen, von denen Rigault[2]) konstatiert, dass sie „du proces de Guichard ne connurent guere que le bruit." Wenn sich diese Thatsache einerseits daraus erklärt, dass der ganze Prozess des Bischof von Troyes dem Forum der Oeffentlichkeit möglichst entzogen wurde, so verrät sie doch andererseits auch, dass unser Chronist durchaus nicht immer aus unanfechtbaren Quellen schöpfte, und dass man den Wert seiner Beziehungen zu den zeitgenössischen Regierungsorganen Frankreichs nicht überschätzen darf.

Nur für die Darstellung des Templerprozesses und der deutsch-italienischen Angelegenheiten wird es nötig sein, nach den Originalquellen zu forschen. Bezüglich des Templerprozesses ist zu bemerken, dass in der Darstellung desselben keine Einzelheit zur Sprache gebracht wird, deren Natur eine uns unbekannte Originalquelle als Vorlage voraussetzt. Eine Bekanntschaft mit amtlichen Schriftstücken verrät Johann Col. 12, wo er das Gutachten der Pariser Universität in Sachen des Templerprozesses ziemlich eingehend zu referieren scheint. Dass er auch von den Constitutionen des Conzils von Vienne Kenntnis genommen haben wird, können wir aus Col. 18 und 19 schliessen. Ueber die Verhandlungen zwischen Philipp und dem Papst in der Templerfrage scheinen ihn Gewährsmänner aus der Umgebung des Königs unterrichtet zu haben. Das geht aus einer Stelle auf Col. 12 hervor, wo die Vita erzählt: „Tunc Rex ivit Pictavim fratrum ac filiorum et Consiliari-„orum discretorum comitiva munitus. Fuitque ibi praetactum „negotium, factis allegationibus et rationibus pro parte Papae

---

[1]) Bal. Vit. Pap. Aven. Col. 14.
[2]) Rigault, le procès de Guichard, évêque de Troyes, p. 227.

„et responsionibus pro Rege, rationibusque et replicati-
„onibusque multis utrinque, coram Cardinalibus cleroque
„et ceteris qui aderant, morose discussum. Tandemque
„conventum est inter eos, quod Rex . . .“; in der darauf
folgenden Partie teilt uns die Vita das Ergebnis der Verhandlungen mit. Aus dieser Stelle, aus welcher wir sonst
nicht überlieferte intime Einzelheiten der Zusammenkunft
zwischen Papst und König erfahren, sowie aus der bereits
an anderem Orte hervorgehobenen, auffallenden Teilnahme
für das französische Königshaus (ausser den übrigen Stellen
der Vita noch Col. 21), erhellt ebenfalls deutlich, dass
Johann von St. Victor mit dem königlichen Hofe nähere
Beziehungen unterhielt. Aus dieser Quelle dürfte er auch
seine Informationen über die Verhältnisse in Deutschland,
Italien und England bezogen haben, die er zur Sprache
brachte, weil Philipp bei denselben mehr oder minder stark
interessiert war; eine andere Quelle ist für diese Berichte
schwerlich nachzuweisen. Wenn uns so das Resultat der
Quellenanalyse einerseits die Zuverlässigkeit unseres Autors
für alle jene Angaben garantiert, bei welchen Philipps Ehre
oder Vorteil nicht berührt wird, weil er sie meist selbst
gesehen oder gehört, oder aus gut unterrichteter Quelle
erfahren hat, so hat sie andererseits dazu gedient, die
Glaubwürdigkeit desselben in allen anderen Berichten noch
mehr abzuschwächen, weil sich die wahrheitsgetreue Darstellung im letzteren Falle wiederholt durch jene Quelle
getrübt zeigt[1]).

[1]) Havemann hebt in seinem „Ausgang des Tempelherrenordens“
S 189 die „Freisinnigkeit“ dieses Chronisten hervor, der „ohne Scheu in
der Namhaftmachung der widrigen Gerüchte über Clemens V. ist, obwohl
er im allgemeinen von der Wahrheit der Beschuldigungen des Ordens
überzeugt ist Er fusst auf Thatsachen und den geltenden Ansichten der
Zeit, ohne ihnen sein eigenes Raisonnement beizugeben und fügt allen
seinen Mitteilungen gern ein fertur, dicunt etc. bei.“ Dieses Urteil
Havemanns dürfte bereits durch die im Vorhergehenden angeführten
Citate aus Johanns Vita sehr stark modifiziert werden. Da jener an

obiger Stelle die 6 Viten unter besonderer Rücksichtnahme auf die
Quantität des Quellenmaterials fur die Templerfrage bespricht, so leidet
diese Quellenkritik sehr an Einseitigkeit und Unvollständigkeit Sie ist
ja auch in eine 3/4 Seiten umfassende Anmerkung zusammengepresst, und
wäre hier gar nicht erwähnt worden, wenn sich nicht Gmelin in „Schuld
oder Unschuld des Templerordens" S 202 gegenüber Schottmueller auf
die obige Charakterisierung der balutianischen Viten berufen hätte.

Ingram Content Group UK Ltd.
Milton Keynes UK
UKHW022036120323
418346UK00005BA/162